ZHENGNIAN LINGDAO DUI JIAOSHI ZHUANYE CHENG[
DE YINGXIANG YANJIU
——XUEXI WENHUA DE ZHONGJIE ZUOYONG

正念领导

对教师专业承诺的
影响研究

——学习文化的中介作用

赵　杰⊙著

知识产权出版社
全国百佳图书出版单位
—北京—

图书在版编目（CIP）数据

正念领导对教师专业承诺的影响研究：学习文化的中介作用／赵杰著. —北京：知识产权出版社，2023. 12

ISBN 978 - 7 - 5130 - 8989 - 0

Ⅰ.①正… Ⅱ.①赵… Ⅲ.①幼儿园—管理—影响—幼教人员—师资培训—研究 Ⅳ.①G61

中国国家版本馆 CIP 数据核字（2023）第 230589 号

责任编辑：李学军　　　　　　　　　　责任校对：王　岩
封面设计：刘　伟　　　　　　　　　　责任印制：孙婷婷

正念领导对教师专业承诺的影响研究：学习文化的中介作用

赵　杰　著

出版发行：	知识产权出版社有限责任公司	网　　址：	http：//www.ipph.cn
社　　址：	北京市海淀区气象路 50 号院	邮　　编：	100081
责编电话：	010 - 82000860 转 8559	责编邮箱：	752606025@ qq.com
发行电话：	010 - 82000860 转 8101/8102	发行传真：	010 - 82000893/82005070/82000270
印　　刷：	北京建宏印刷有限公司	经　　销：	新华书店、各大网上书店及相关专业书店
开　　本：	787mm×1092mm　1/16	印　　张：	13.5
版　　次：	2023 年 12 月第 1 版	印　　次：	2023 年 12 月第 1 次印刷
字　　数：	237 千字	定　　价：	96.00 元

ISBN 978 - 7 - 5130 - 8989 - 0

序　言

　　教育是开发人类潜能及促进社会进步的主要动力，教育的成败攸关人类的福祉和经济社会发展。学校教育的有效推展，有赖良好教育理念的引导、优质学习文化的形塑、教师专业承诺和教学成效的提高，三者形成学校教育的系统链，彼此环环相扣而且相辅相成，缺一不可。教师专业承诺是教师对教育事业和教师职业的认同、投入和忠诚。教师专业承诺可以影响教师的工作表现、工作满意度和离职倾向，也深深影响学生的学习成就和发展。然而，当前社会，教师面临许多变革、挑战和压力，如课程改革、教学创新、学生多元、家长期待、工作负荷等，这些都可能导致教师专业承诺降低或动摇。因此，如何提升和维持教师的专业承诺，是一项值得关注和探讨的重要课题。

　　本书主题为探讨正念领导对教师专业承诺的影响，以及学习文化在其中所扮演的中介角色。正念领导是一种以正念为基础的领导方式，强调领导者在面对变动和不确定性的情境时，能够保持清晰、平静、开放和灵活的心态，并以此影响来激励组织成员。学习文化是一种促进组织成员持续学习、相互信任、分享知识、创新改进的组织氛围。本书从理论和实证的角度探讨正念领导如何透过学习文化提升教师专业认同、工作投入、留职倾向和专业成长，从而增强教师的专业承诺。

　　正念领导是一种新兴的领导理念，正念是一种注意力调节技巧，指在当下刻意而非评判地关注自身和外界的经验。正念可以帮助人们减少焦虑、压力和负面情绪，增加自我觉察、同理心和创造力。正念领导（mindful leadership）以内观达正念，着重领导者质量。将正念运用到领导实务中，强调领导者要具备四个特质。（1）认清目标：领导者要有清晰的愿景、目标和策略，并能够清楚地传达给组织成员，以及清楚地了解自身和他人的优势和弱点。（2）平静关注：领导者要有平静的心态，能够在面对困难和挑战时保持冷静和理性，不被情绪所左右，并能够积极地应对和解决问题。（3）开放心态：领导者要有开放的态度，能够接纳和尊重不同的意见和观点，并能够从多元的角度思考和分析问题，以及探索新的可能性和机会。（4）灵活行动：领导者要有灵活的行动，能够适应和应对不断改变的环境，并能够灵活地调整自身的行为和风格，以达到最佳的效果。2014 年以后，正念领导（ centered leadership ）强调：（1）构建有意义的目标；（2）专注当前，调整行动策略；（3）重视信任情感连结；（4）注重参与投入和影响力；（5）融合意义目标、行动策略和能量韧性。

本书的作者赵杰教授，获有博士学位荣衔，在教育领域勤于耕耘、著作丰硕，是一位资深的教育学者和实务专家，其在幼教、教育领域具有丰富的实务经验和见识。作者对正念领导、学习文化与教师专业承诺意涵、理论与测量分别予以探讨，并深入分析三者之间的相关研究。本书采用文献探讨、问卷调查等方法，对正念领导、学习文化和教师专业承诺之间的关系进行深入而广泛的探讨。运用描述统计、项目分析、因素分析、信效度考验、回归分析、探索性和验证性因素分析、Pearson 积差相关分析、SEM 结构方程模型等高等教育统计方法，验证了正念领导、学习文化和教师专业承诺之间的因果关系，并揭示了其影响力和效果。本书不仅有理论层面的探究，亦有实证数据的分析，撰写文笔通顺流畅，论述精辟，内容翔实，是一本创新中肯的重要著作成果，乃乐为之作序。

林新发　谨识

2023 年 11 月 2 日于台北教育大学

目　录

第一章 绪 论

本书旨在探究幼儿园园长正念领导、教师学习文化与专业承诺的现况、差异、相关、预测力及关系模式的适配度和影响力。希望通过本研究，能够全面深入了解幼儿园教师知觉园长正念领导、教师学习文化与专业承诺的现况和差异，以及园长正念领导、教师学习文化与专业承诺之间的相关和预测力，并研究园长正念领导是否可以通过形塑教师学习文化提高教师专业承诺，进而促进幼儿园健康发展。第一章主要包括三节内容，第一节说明本研究的研究动机与目的；第二节界定本研究中核心变量的内涵；第三节说明本研究具体采用的研究方法与步骤。

第一节 研究动机与目的

一、研究动机

终身教育自 1965 年被提出以来，已经成为世界性共识。而学前教育是终身教育也是终身学习的起点，是各国国民教育体系的奠基阶段和重要组成。一个国家学前教育的办学质量，不仅关系到儿童的健康成长，也关系着人类文明的未来发展、国家的未来发展和民族素质的提升。20 世纪中期，美国联邦政府实行的 "Head Start Program"（启智计划），其结果既昭示了学前教育的重要价值，同时也引发了世界各国对学前教育的重视和关注，各国均加大了对学前教育的投入和研究。

2010 年，教育部颁布了《国家中长期教育改革和发展规划纲要（2010—

2020 年)》，明确规划了学前教育的未来发展蓝图。随后，各省纷纷出台了《学前教育三年行动计划》，掀开了学前教育发展的历史新篇章，学前教育进入了蓬勃发展时期。2018 年 11 月 7 日，《中共中央 国务院关于学前教育深化改革规范发展的若干意见》中明确提出，到 2035 年，全面普及学前三年教育，建成覆盖城乡、布局合理的学前教育公共服务体系。● 截至 2022 年●，全国共有幼儿园28.92 万所，相比 2010 年●的 15.04 万所增加了 13.88 万所，增长 92.3%；学前教育毛入园率达到 89.7%，相比 2010 年的 56.6% 提高了 33.1 个百分点。

随着幼儿园数量的不断增加，尤其是普惠性幼儿园的不断发展，"入园难、入园贵"问题逐渐得到缓解，学前教育正在逐步迈入"幼有所育"的普及发展阶段。如今，"育而优质""入好园，接受优质的学前教育"已然成为社会和家长们新的共识与期许。

教育的发展和服务质量的提升离不开优质的教师队伍，教师肩负着传播人类文明的使命，堪称人类的文化脊梁。幼儿园教师作为教师群体中的一员，其成长与发展离不开来自幼儿园场域的组织支持及园长的引领。苏联教育家苏霍姆林斯基曾说过，"一个好校长，就是一所好学校"。所以，研究者亟须思索如何顺应时代与学前教育发展变化与需求，整合当前新型领导理论，以助益园长采取更有影响力的领导方式，增强园长的领导力与行动力，推动幼儿园和教师走向优质和卓越，提升办园绩效与质量。基于此，提出研究动机如下。

（一）园长的领导行为和风格是提升幼儿园组织绩效和促进教师发展的关键

从管理学角度来看，领导包括两个意涵，"一为组织功能，即，只有在两人及以上的人进行交往时，才能产生领导；二为有意识地影响别人的行为"●。领导堪称组织的灵魂，是组织发展的领航者，也是成员发展的引路人。唯有领导有方，组织中的成员才会凝心聚力，组织才会永续发展。学前教育是一切教育的基础，它的成败关系到儿童未来的成长，甚至对未来社会的健全与进步产

● 中共中央 国务院关于学前教育深化改革规范发展的若干意见 [EB/OL]. http://www.moe.gov.cn/.
● 2022 年全国教育事业发展统计公报 [EB/OL]. http://www.moe.gov.cn/.
● 2010 年全国教育事业发展统计公报 [EB/OL]. http://www.moe.gov.cn/.
● 林新发. 华人地区学校校长正向领导模式初探 [J]. "国民教育"，2011，52（1）：1-6.

生影响，因此，幼儿园园长以科学的领导行为带领幼儿园发展，实现保教目标，是每一名园长的职责与使命所在。

探讨已有研究成果发现，幼儿园园长的"领导风格"与幼儿园"组织绩效"正向相关，而且园长的"领导风格"对"组织绩效"具有显著的影响力（萧宏金等，2013；朱涵英、魏渭堂，2014）。

现代教育理论与实践已达成共识，提高教育质量，关键在于提升教师队伍素质；提升教师队伍素质，关键在于促进教师的专业素养与能力持续精进发展。教师是构成学校组织的成员，其专业活动需要在学校组织中展开，其专业发展亦无法跳脱学校组织的支持。范国睿（2010）曾指出："在当今时代，学校不仅应是学生发展的场所，而且应是教师成长的舞台；教师获得充分的专业发展，学生才能因此获得健康成长的动力；处于工作一线的教师需要不断更新知识与技能，以获知如何最大限度地减轻职业倦怠，顺利解决教学与管理实践中一些较为棘手的问题，以及与周围的人群包括管理者、同事、学生、家长及社区成员保持良好的人际关系。"[1] 因此，"必须持续协助教师专业发展，不能任其自生自灭；毕竟，没有一个教师敢宣称自己已经能够应付所有工作上可能遇到的问题，已经不再需要专业发展了"[2]。而园长作为幼儿园组织的领导者与管理者，其专业职责包括：规划幼儿园发展、营造育人文化、领导保育教育、引领教师成长、优化内部管理和调适外部环境。[3] 据此，"从学校组织、教师发展相互协调的系统过程观点，重构教师的工作环境，鼓励教师协同合作，为教师专业发展提供必要的资源与结构支持，将专业学习活动融入教师的日常生活，是教师专业发展不可忽略的途径"[4]，亦是教育发展不可忽略的方面，学校领导者不可忽略的方面。

本研究中的正念领导是由麦肯锡公司的乔安娜·巴斯等人在领导力培训中倡导的新兴领导模型。正念领导能影响一个人的满意度、表现和成就，其核心在于领导，即以领导者的行动力为主轴，目的在于领导者知觉当前的状况、通过自我调控、采取正向作为、发挥领导影响力，进而达致领导目标、获致领导成效。因此，在学前教育步入"幼有所育""育而优质"发展的变革时期，幼

---

[1] 范国睿. 教师专业发展的内在机制与外部促进 [J]. 基础教育，2010，7（1）：3－10.
[2] 饶见维. 教师专业发展——理论与实务 [M]. 台北：五南图书出版公司，2005.
[3] 幼儿园园长专业标准 [OL/EB]. http：//www. moe. gov. cn/.
[4] 孙志麟. 专业学习社群：促进教师专业发展的平台 [J]. 学校行政，2010（69）：138－158.

儿园园长如何透过领导，尤其是透过正念领导，提高幼儿园组织绩效，引领教师专业知能持续精进，达成学前教育和幼儿园永续发展目标，此为本研究动机之一。

（二）教师的学习文化是形塑教师专业知能的核心

教师是一个需要不断提升自己专业素养、持续专业成长与发展的职业。教师作为教育活动展开的实际行为者，是教育活动中最重要的人的因素。"在任何国家的教育体系中都扮演着举足轻重的角色，最终决定一个国家前进方向的是教师，因此，教师常常被称为国家的建设者；教师亦是教育系统中履行各项重要职责的核心要素。"[1] 教师的专业知能惠及每一位幼儿，也关乎教师队伍素质的整体提升、教育质量的改善与教育未来的持续发展。教师专业知能的发展与提升不是一蹴而就的，本质上具有动态性特质，需要持续的学习历程。哈格里夫斯和富兰在《理解教师发展》一书中提到："教师如一粒种子，他不可能在贫瘠的土壤上生根发芽，因此教师专业发展需要优质且支持性的环境脉络，而现实中，教师所身处的环境脉络正是学校组织文化。"[2]

文化作为一种力量，具有潜隐性特质。"其在组织中不可见，但可以被其成员感知；这种感知的结果会影响组织成员的行为。"[3] 教育改革实践也已证明，"如果缺乏对于'自在'的教师文化的存在状态的观照，教师文化的传统特质往往会从根本上抵制外来的影响因素。因此，教师的专业发展要取得实质性的进步，至为关键的第一步就是教师文化的重塑"[4]。幼儿园组织作为一种具有教育属性、学习属性的学校组织，幼儿园教师生活、工作于幼儿园组织文化中，幼儿园组织的学习文化特质也会涵育其知能与专业成长，使其在组织文化中日臻成熟。

探讨已有文献研究成果获知，学校组织文化与教师教学效能（陈俞秀，2014；陈雅莉，2014；徐淑芬，2015；方丽婷，2016；陈采绵，2018；苏哈宁

---

[1] Basu, S.. Professional Commitment and Job Satisfaction among Secondary School Teachers [J]. Educational Quest: An Int. J. of Education and Applied Social Sciences, 2016, 7 (3): 255 –259.

[2] 转引自宋萑, 胡艳, 袁丽. 北京市中小学学校组织文化的现状调查 [J]. 教师教育研究, 2009, 21 (3): 56 –61, 43.

[3] Suharningsih, Murtedjo. Role of Organizational Culture on the Performance Primary School Teachers [J]. Journal of Education and Learning, 2017, 6 (1): 95 –101.

[4] 车丽娜. 教师文化初探 [J]. 教育理论与实践, 2006, 26 (11): 45 –48.

西、穆尔泰乔，2017）、学校组织文化与教师专业发展（郭千慧，2015）均具有正向影响关系。

然而，"任何组织的文化塑造和发展均离不开组织中领导者的引领"[1]。因此，幼儿园园长如何透过领导，协同教师，形塑幼儿园组织文化，使教师处于具有学习特质的组织文化中，即教师学习文化，并能持续精进专业知能，进而促进幼儿园和教师不断发展，迈向卓越，此为本研究动机之二。

（三）教师专业承诺是促进和创新幼儿园办园绩效的基础

承诺是行为主体基于心理认同而表现出来的一种积极性行动表现。教师是具有专业性的崇高职业，历来被誉为人类灵魂的工程师。"一名教师只有能够致力于其专业，才能称其为专业的教师；教师的专业承诺已成为现代社会对教师提出的一项基本要求。"[2] 教师专业承诺的程度影响着教师教育教学的创新动念与个体效能。

检视教育实务发现，"教师的承诺水平一方面影响着教师参与合作、反思实践的意愿"[3]，进而会让"教师在日常教学实践中寻求改变"[4]。另一方面，"教师承诺亦被认为是有效教学中最关键的因素之一，会对学生的学习和学业成就产生影响"[5]。而"缺乏承诺，则易导致教师负面行为，如发脾气，对学生身心造成虐待"[6]。进言之，教师的专业承诺情形，影响着学校教育目标达成与组织绩效，也影响着教师的教学质量。因此，教师专业承诺应是学校组织

---

[1] Tumiran. The Impact of Transformational Leadership, Organizational Culture, Organizational Climate and Job Satisfaction of Teacher on Performance of Teacher at Public Primary School of Medan, North Sumatera [J]. Journal of Humanities and Social Science, 2015, 20 (6): 1 – 7.

[2] Gill, S. P. K., Kaur, H.. A Study of Professional Commitment among Senior Secondary School Teachers [J]. International Journal of Advanced Education and Research, 2017, 2 (4): 253 – 257.

[3] Kaur, P., Ranu, S. K.. Classroom Management in Relation to Professional Commitment of Secondary School Teachers [J]. Educational Quest: An Int. J. of Education and Applied Social Science, 2017, 8 (1): 193 – 199.

[4] Kean, T. H., Kannan, S., Piaw, C. Y.. The Effect of School Bureaucracy on the Relationship between Principals' Leadership Practices and Teacher Commitment in Malaysia Secondary Schools [J]. Malaysian Online Journal of Educational Sciences, 2017, 5 (1): 37 – 55.

[5] Altun, M.. The Effects of Teacher Commitment on Student Achievement [J]. International Journal of Social Sciences & Educational Studies, 2017, 3 (3): 51 – 54.

[6] Raman, A., Mey, C. H., Don, Y., Daud, Y., Khalid, R.. Relationship between Principals' Transformational Leadership Style and Secondary School Teachers' Commitment [J]. Asian Social Science, 2015, 11 (15): 221 – 228.

领导者需要关注的重要方面。

探讨已有文献研究成果获知，教师专业承诺与教师教学效能（黄建翔、吴清山，2013；萧慧君、张美云，2014；陈美龄，2014；侯国林，2016；陈仲洁，2017）、教师专业承诺与学校效能（陈文龙，2013；洪文芳，2014；唐佳雯，2014；黄丽燕，2014；林易萱、龚心怡，2017；梁佳蓁，2018）均具有正向相关和显著影响。

幼儿园教师为幼儿园教育、保育活动展开的实际行为者，幼儿园教育服务质量提升、组织绩效彰显，关键在教师。因此，幼儿园园长如何透过领导与沟通，协调与教师的关系，提高教师专业承诺，达至质量教保的目标，促进幼儿健康发展与成长，此为本研究动机之三。

（四）幼儿园园长正念领导、教师学习文化与专业承诺值得探究

"学校组织作为国民教育的核心，其运作是靠领导、管理和组织成员来实现的。"[1] 幼儿园园长是幼儿园的管理者和领导者，其主要责任是促进幼儿园发展，实现教育目标。因此，其不可能孤立工作，需要与幼儿园教职员工和家长合作。幼儿园组织文化与氛围很大程度上取决于园长的智慧、个性、领导力以及其与教职员工的良性互动。

在学校组织中，"教师是努力维护学校文化和卓越学校的关键人物，教师的承诺是学校办学成功的重要组成部分，有效的领导能力将导致教师高度承诺"[2]。进言之，"教师的承诺取决于其学校组织之领导者所表现出的态度和行为，而具有较高承诺的教师在工作中会更具奉献性和成就感，有更高的组织性"[3]。

检视已有文献研究成果发现，无论是校长领导抑或园长领导、教师学习文

---

[1] Wahab, J. A., Fuad, C. F. M., Ismail, H., Majid, S.. Headmasters' Transformational Leadership and Their Relationship with Teachers' Job Satisfaction and Teachers' Commitments [J]. International Education Studies, 2014, 7 (13): 40 – 48.

[2] Raman, A., Mey, C. H., Don, Y., Daud, Y., Khalid, R.. Relationship between Principals' Transformational Leadership Style and Secondary School Teachers' Commitment [J]. Asian Social Science, 2015, 11 (15): 221 – 228.

[3] Sarıkaya, N. & Erdoğan, Ç. Relationship between the Instructional Leadership Behaviors of High School Principals and Teachers' Organizational Commitment [J]. Journal of Education and Practice, 2016, 7 (3): 72 – 76.

化、教师专业承诺均在不同领域各有研究。进一步探讨相关研究成果获知：

1. 校长正向领导与教师学习文化具有正向显著影响（林新发等，2011），校长知识领导与教师学习文化具有正向显著影响（施佩芳，2010）。可见，领导行为与教师学习文化正向相关。尚未见以幼儿园园长领导、幼儿园教师学习文化为研究变量的研究成果。

2. 幼儿园园长道德领导与教师专业承诺具有正向显著影响（张斐莉，2015），幼儿园园长正向领导与教师专业承诺具有正向显著影响（黄淑萍，2018）。可见，园长领导行为与教师专业承诺正向相关。尚未见以园长正念领导为研究变量的研究成果。

3. 小学教师学习文化与教师专业承诺具有正向显著影响（陈木金等，2006）。可见，教师学习文化与教师专业承诺正向相关。尚未见以幼儿园教师学习文化为研究变量的研究成果。

综上所述，在已有文献研究成果中，当未见直接以园长正念领导、幼儿园教师学习文化为研究变量的成果。而且，本研究在文献探讨中，既没有检视到整合校长领导行为、教师学习文化与教师专业承诺三者的相关研究，也没有检视到整合园长领导行为、教师学习文化与教师专业承诺三者的相关研究。因此，本研究拟透过资料收集、调查与分析，参阅乔安娜·巴斯等人提出的正念领导模型意涵，以幼儿园实境为研究现场，园长正念领导为自变量，教师学习文化为中介变量，教师专业承诺为因变量，探究园长正念领导、教师学习文化与专业承诺三者相关情形及预测力，并探讨其关系模型。希望能了解幼儿园园长正念领导可否透过形塑教师学习文化，进而提升教师专业承诺，并对幼儿园经营实务提出具体建议，作为未来改进或后续研究的参考，此为本研究动机之四。

二、研究目的

本研究以幼儿园教师为研究对象，通过抽样调查了解幼儿园园长正念领导、幼儿园教师学习文化与专业承诺的现况，探索园长正念领导、教师学习文化与专业承诺之间的相互影响及作用关系，并构建以幼儿园教师学习文化为中介变量的园长正念领导与教师专业承诺的关系模型，通过结构方程模型验证其科学性并揭示其作用机理，提出改进幼儿园园长正念领导、形塑教师学习文化、提升教师专业承诺的建议，供幼儿园园长、教师、教育行政机关、幼儿园师资培育机构作为参考。

第二节　研究内容与核心概念释义

一、研究内容

本研究以实证研究探索幼儿园园长正念领导、教师学习文化与专业承诺之间的关系，通过梳理现有研究文献，结合幼儿园实践情境，对幼儿园园长正念领导、教师学习文化、教师专业承诺的内涵给予界定，形成本研究中各变量的研究构面，编制适合幼儿园研究场域的研究工具，并进行信效度检测。具体研究内容包括：首先，描述并分析幼儿园园长正念领导整体及各构面、幼儿园教师学习文化整体及各构面、幼儿园教师专业承诺整体及各构面的现况。其次，进一步分析不同个人背景变量、不同环境变量的幼儿园教师知觉园长正念领导、教师学习文化与教师专业承诺整体及各构面是否有显著差异，以及幼儿园园长正念领导、教师学习文化与教师专业承诺之间的影响关系。最后，基于文献研读构建园长正念领导、教师学习文化与教师专业承诺理论模型，通过实证调查验证模型的适配性，并检定教师学习文化是否具有中介作用及其具体影响效果。

二、核心概念释义

本研究涉及园长正念领导、教师学习文化、教师专业承诺三个重要概念，界定说明如下。

（一）园长正念领导

园长正念领导是指幼儿园园长深具正向理念与权变思维，能够专注于幼儿园当下及未来发展，因应科学育儿的需要建立愿景，协同教师不断提升教保知能素养，引领幼儿园正向互动关系和文化创建，凝聚幼儿园力量，带来对幼儿园组织和师生员工积极正向影响力的行为。

本研究通过幼儿园教师在涵括"健康适性愿景""正向行动调节""互动信任关系""参与践行氛围""管理知能创价"五个构面的"园长正念领导"问卷的得分情形评价园长正念领导，得分越高，表示教师知觉该园园长运用正念领导的言行越多，反之则越低。

幼儿园园长正念领导五个测量构面分述如下。

1. 健康适性愿景。健康适性愿景指幼儿园园长深谙幼儿健康适性成长的规律，能够觉知全体教师和家长的教育期待，擅长决策并整合个人、国家学前教育事业和幼儿园的发展理念，形成幼儿园愿景目标，带动幼儿园蓬勃发展的行为。

2. 正向行动调节。正向行动调节指幼儿园园长深具正向领导的理念，善于自我觉知、审时度势，积极调整领导观念及行为，发挥正向影响力，统整资源，建立优势，进而带动幼儿园全体人员提升幼儿园创新经营效能的行为表现。

3. 互动信任关系。互动信任关系指幼儿园园长能够以同理心正向解读幼儿园成员的行为，关心其所需，协助其成长，提升其正向表现和组织归属感，而且善于运用肯定与支持的言语与幼儿园成员互动和交换意见，使彼此建立和谐良好、相互信任的人际互动关系的表现程度。

4. 参与践行氛围。参与践行氛围指幼儿园园长为实现幼儿园发展目标，以自身不懈的毅力及行为，因应当前学前教育发展的机会与挑战，营造积极参与及投入的园所氛围，激励士气，带领幼儿园成员共同克服困境，有效落实和完成发展计划和目标的表现程度。

5. 管理知能创价。管理知能创价指幼儿园园长凝练管理智慧，经由幼儿园组织领导，引领、鼓励与支持幼儿园教师不断提升教保知能，推动幼儿园组织不断发展的创价表现程度。

（二）教师学习文化

教师学习文化是指为适应幼儿园发展及儿童教育和保育目标，经由幼儿园教师长期积累而成的增益学习的思想观念、价值体系、制度规范，并能让每位教师知觉、认同和行动。

本研究通过教师在涵括"支持信任""资源共享""学习创新"三个研究

构面的"教师学习文化"问卷的得分情形评价教师学习文化，得分越高，表示教师知觉该园教师学习文化越强，反之则越弱。

教师学习文化三个测量构面分述如下。

1. 支持信任。支持信任指幼儿园营造有利于教师群体学习的环境和氛围，制定鼓励学习的制度和规范，创造支持学习的机会和平台，促进教师形成主动追求学习的价值、信念与行为。

2. 资源共享。资源共享指教师能够认同团队合作与学习，利用各种资源主动分享学习，获取学前教育信息，通过互动、分享与交流彼此的心得与经验，促进专业发展。

3. 学习创新。学习创新指教师为实现幼儿园教育和保育目标以及专业成长发展的期许，形塑终身学习理念，透过多元学习形态及活动，精进专业知能，实践创新，达成质量教保的目标。

(三) 教师专业承诺

教师专业承诺是指教师热爱学前教育事业，认同学前教育工作的目标与价值，愿意履行专业规范，乐于融入幼儿园组织机构，能够以高度热情和积极态度投入学前教育工作，主动研习并追求专业成长，提升教育和保育效能，并且愿意以幼儿园教师工作为职志的态度或行为倾向。

本研究通过教师在涵括"专业认同""乐业投入""专业成长""留业意愿""专业伦理"五个研究构面的"教师专业承诺"问卷的得分情形评价教师专业承诺，得分越高，表示该园教师的专业承诺越高，反之则越低。

教师专业承诺五个测量构面分述如下。

1. 专业认同。专业认同指幼儿园教师坚信学前教育的价值，认同幼儿园的愿景与目标，认同幼儿园教师的专业身份，愿意从幼儿身心健康出发，为提升幼儿园教师工作的质量而付出努力。

2. 乐业投入。乐业投入指幼儿园教师对学前教育工作展现教育专业热忱，积极主动投入教育和保育工作，以专业所长不遗余力地促进幼儿园发展和幼儿健康成长。

3. 专业成长。专业成长指幼儿园教师能够以强烈的求知欲和专业责任感，主动参加专业进修或研习，增进专业知能，提升专业素养，追求自身专业发展与成长。

4. 留业意愿。留业意愿指幼儿园教师能够胜任幼儿园教育工作，满意幼儿园教育实践场域的工作环境、权责要求和制度规范，愿意珍惜并持续留在幼儿园职场并以幼儿园教师为志业的态度和行为。

5. 专业伦理。专业伦理指幼儿园教师愿意遵守教师行为规范和幼儿园教师专业伦理规范，能够融入幼儿园教育组织机构，建立良好的专业关系。

第三节　研究方法与步骤

本研究主要采用问卷调查法，以"幼儿园园长正念领导、教师学习文化与专业承诺关系调查问卷"为研究工具，以辽宁省城镇幼儿园教师为研究对象，收集资料并加以分析整理和讨论。研究方法与步骤分述如下。

一、研究方法

本研究主要采用问卷调查法，说明如下。

依据本研究目的与研究问题，收集幼儿园园长正念领导、教师学习文化、教师专业承诺相关文献资料及有关实证研究资料，并对上述文献进行研读、比较、分析与归纳，在文献分析基础上，形成本研究"园长正念领导""教师学习文化""教师专业承诺"三个变量研究构面，进而自行编制"幼儿园园长正念领导、教师学习文化与专业承诺调查问卷"作为调查工具，将编拟完成的问卷进行检测后发放给幼儿园专任教师填答，获取研究所需要的信息，将获取的问卷资料汇整后经由统计及结构方程模型方法进行分析，了解幼儿园园长正念领导、教师学习文化、教师专业承诺的现况、差异及影响情形，并探寻上述三个研究变量之间的关系模型是否成立，在此基础上提出建议以作为未来改进参考。

二、研究步骤

本研究步骤如下。

1. 收集资料及选定研究主题。利用网络平台资源、纸本文献阅读，确定研究主题。

2. 拟订研究计划与研究架构。在深入研读相关文献基础上，研拟出研究计划及研究架构，根据研究目的与研究主题，选定研究方法及厘定研究步骤、实施程序。

3. 持续进行文献检索、探讨及整理。基于上述文献阅读，进一步收集、研读及归纳整理与分析国内外相关文献资料，形成本研究理论依据，探讨与厘定园长正念领导、教师学习文化、教师专业承诺三个变量的研究构面。

4. 编制研究工具。依据文献探讨归纳分析形成结果，初拟研究问卷，请专家学者及实务工作者对初拟问卷进行审题并由研究者进行修正以形成预试问卷，选取样本进行预试并在删除题项后重新验证以检定问卷的信度与效度，形成本研究正式问卷。

5. 进行正式问卷施测。依据预试信效度分析、修订后的正式问卷，选取研究样本，请幼儿园教师进行填答。

6. 资料收集与分析。将回收问卷进行检视，淘汰废卷之后，采用多变量推论统计及结构方程模型进行数据编码与统计分析，获取研究信息。

7. 形成结论和建议。依据上述程序获取的数据资料，经统计分析之后，形成研究结论并提出具体建议。

第二章　文献综述

本章旨在对园长正念领导、教师学习文化与教师专业承诺相关研究进行文献梳理。本章包括四节，第一节主要探讨园长正念领导的意涵、相关理论与测量；第二节主要探讨教师学习文化的意涵、相关理论与测量；第三节主要探讨教师专业承诺的意涵、相关理论与测量；第四节主要探讨园长正念领导、教师学习文化与专业承诺的相关研究。

第一节　园长正念领导的意涵、理论与测量的研究

幼儿园园长作为幼儿园的管理者和领导者，既是影响幼儿园实现组织愿景或发展目标的关键人物，也是园所组织氛围与文化创设的引领者，师生员工健康发展的帮扶者和领路人，其对组织发展和师生员工的影响力是不言而喻的。因此，幼儿园园长的办园理念与领导行为尤为重要。本节分别针对园长正念领导的意涵、园长正念领导的构面、园长正念领导的相关理论和园长正念领导的测量及问卷的相关研究进行探讨、汇整和分析。

一、园长正念领导的意涵

正念领导作为领导者的领导行为方式之一，对其意涵的理解，需首先了解领导的内涵。

（一）领导的内涵

美国当代杰出的组织理论、领导理论大师，被誉为领导力之父的沃伦·本

尼斯曾说过："领导的概念总是在困扰着我们，要不它就依仗其难以捉摸和复杂的特性，变换成另一种形式再来嘲弄我们。所以我们就发明了无数的术语来界定它……但是我们仍然没有充分地界定这一概念。"❶

《现代汉语词典》（第七版）中对"领导"的内涵解释为："率领并引导""担任领导工作的人"。"领导"对应的英文单词有"lead""leader""leader-ship"，韦氏在线字典中的解释为："the office or position of a leader""capacity to lead""the act or an instance of leading""something that leads""a person who leads"，其含义与中文词典对领导内涵的解释基本一致，即指领导岗位及其行为或领导者。

美国领导学研究者彼得·诺斯豪斯在《领导学：理论与实践》一书中认为领导是个人影响团队成员去完成共同目标的过程。❷

安弗莎妮·纳哈雯蒂在《领导学：领导的艺术与科学》中指出，领导者是指能够影响组织中的他人和群体、帮助他们设定目标、引导他们达到目标从而使他们更加有效的任何人。❸

吴清基（1999）则探讨了成功领导者需具有的十种行为取向，包括：把握目标，群策群力；了解人性，适时激励；面对问题，负责担当；有容乃大，无欲则刚；设身处地，为人着想；外圆内方，广结善缘；任劳任怨，不计私利；虚怀若谷，从善如流；借重专才，集思广益；注重研究，专业领导。❹

沃伦·本尼斯与伯特·纳努斯在其著作《领导者》中提出成功领导者所共有的四大策略主题为：策略一，通过愿景唤起专注；策略二，通过沟通赋予意义；策略三，通过定位赢得信任；策略四，通过自重实现自我成长。❺

詹姆斯·库泽斯与巴里·波斯纳在其著作《领导力：如何在组织中成就

❶ 转引自［美］加里·尤克尔著，丰俊功译. 组织领导学（第七版）［M］. 北京：中国人民大学出版社，2015：2.

❷ ［美］彼得·诺斯豪斯著，吴爱明，陈爱明，吴晓明译. 领导学：理论与实践（第五版）［M］. 北京：中国人民大学出版社，2012：2.

❸ ［美］安弗莎妮·纳哈雯蒂著，刘永强，程德俊译. 领导学：领导的艺术与科学（第7版）［M］. 北京：中国人民大学出版社，2016：4.

❹ 吴清基. 教育与行政［M］. 台北：师大书苑有限公司，1999.

❺ ［美］沃伦·本尼斯，伯特·纳努斯著，赵岑，徐琨译. 领导者［M］. 杭州：浙江人民出版社，2016.

卓越》中介绍了"卓越领导五种习惯行为和十个承诺"❶（见表 2 - 1）。

表 2 - 1 卓越领导五种习惯行为和十个承诺

五种习惯行为	十个承诺
以身作则	1. 明确自己的价值观，找到自己的声音
	2. 使行动与共同的价值观保持一致，为他人树立榜样
共启愿景	3. 展望未来，想象令人激动的、崇高的各种可能
	4. 描绘共同愿景，感召他人为共同愿望奋斗
挑战现状	5. 通过掌握主动和从外部获取创新方法来猎寻改进的机会
	6. 进行尝试和冒险，不断取得小小的成功，从实践中学习
使众人行	7. 通过建立信任和增进关系来促进合作
	8. 通过增强自主意识和发展能力来增强他人的实力
激励人心	9. 通过表彰个人的卓越表现来认可他人的贡献
	10. 通过创造一种集体主义精神来庆祝价值的实现和胜利

综合以上关于领导及领导者意义的不同观点，可以获知：

1. 领导是领导者的一种行动。

2. 领导需要领导者具有一定的行为技巧与策略。

3. 领导行为指向于达成组织目标。

4. 领导具有交互性，是对被领导者的一种影响力。

（二）园长正念领导的内涵

中文文献有关正念领导的相关研究中，"正念领导"一词对应的英文词汇可见两个，一个是"mindful leadership"，另一个是"centered leadership"。为避免歧义，分述如下，以澄明本书中"正念领导"意涵。

1. mindful leadership 的含义。研究者们普遍认为 mindfulness 起源于东方文化的佛教（学）的禅修。

美国马萨诸塞大学荣誉教授乔·卡巴金将 mindfulness 定义为：一种有意图的、专注当下的、开放而不评断的自我觉察态度与方式。韦氏在线字典将 mindful 诠释为"aware of something that may be important"，即指意识到可能非

---

❶ ［美］詹姆斯·库泽斯，巴里·波斯纳著，徐中，沈小滨译. 领导力：如何在组织中成就卓越（第 6 版）［M］. 北京：电子工业出版社，2018：20.

常重要的事情。mindful 一词根据《牛津高阶英汉双解词典》（第四版增补本）的解释为："留意、关心或注意到某人或某事物。"

20 世纪 70 年代，卡巴金将 mindfulness 引入心理治疗领域而倡导了一种心理治疗方法——正念减压法（Mindfulness Based Stress Reduction，MBSR）。之后"正念"方法开始被广泛关注并应用于心理治疗中，出现了《强迫症的正念治疗手册》《抑郁症的正念认知疗法》等。在麻省理工学院医学院的"正念中心：医学、卫生保健和社会"网页中查询到"正念计划"，该网页中介绍：正念减压法在医学界受到高度重视，是传统医疗和心理治疗的有效补充，对焦虑和恐慌，胃肠困扰，工作、家庭和经济压力的悲痛、头痛、癌症、心脏病、慢性疾病、高血压、抑郁症、疼痛、饮食失调、睡眠问题等均有疗愈效果。

肖娜·夏皮罗与克里斯·怀特、艾琳·斯奈儿分别将 mindfulness 引入家庭教育领域。

夏皮罗与怀特著有《正念养育：积极的管教，自律的孩子》。书中认为：mindfulness 不仅仅是一种冥想技巧；它更是一种存在方式、一种生活方式；是关乎存在的，完全地存在于此时此刻；这种真正活着、完全清醒的能力是人类的核心，也是作为一名家长的关键。基于此，作者指出，正念养育的家庭教育中，mindfulness 使我们富有同情心；支持我们拥有一种好奇又好问的关注，对孩子产生更好的理解与共情；帮助我们保持合理而冷静的态度，调节情绪；使我们更加优雅地从过失中恢复，并更有可能接受原谅和同情的状态。作者进而在该书中提出正念养育的五大构面：无条件的爱、自主的空间、以身作则的导师、健康的边界、偶然的错误。❶

斯奈儿在荷兰儿童中大力推广正念训练法并著有《正念养育：提升孩子专注力和情绪控制力的训练法》。书中指出，正念就是对当下的觉察，以一种开放和友好的意愿去了解在你身体里和你周围正在发生着什么；对于正念练习适合哪些儿童，书中明确指出正念练习适合年龄大于 5 岁的儿童。同时，作者认为正念练习也适合被诊断为多动症、阅读障碍、自闭症谱系障碍的孩子。❷

由于与教育相关的焦虑会对学生产生负面影响并影响学业成绩，艾哈迈德

---

❶ ［美］肖娜·夏皮罗，克里斯·怀特著，何子静译. 正念养育：积极的管教，自律的孩子 ［M］. 北京：机械工业出版社，2017.

❷ ［荷兰］艾琳·斯奈儿著，曹慧，王淑娟，曹静，祝卓宏译. 正念养育：提升孩子专注力和情绪控制力的训练法 ［M］. 北京：化学工业出版社，2017.

等（2017）通过检视 mindfulness 与减少考试焦虑的已有文献进行回顾，讨论 mindful 课程在教育环境中的应用，特别是针对数学和科学学习的焦虑；同时指出 mindfulness 是一种有效的技术，可以缓解教育环境中的数学和科学焦虑，从而吸引更多有兴趣的合格学生进入 STEM（科学、技术、工程和数学）知识领域。❶

综上可见，mindfulness 在身心疗愈、家庭教育、学习行为调试方面皆有应用并且具有重要意义。近年来，mindfulness 亦被引入管理科学领域。

韦尔斯（2015）指出，mindfulness 提出了一种存在的方式，与强调做某一行为相反，mindfulness 的维度，如全神贯注、觉知、接受和非判断力体现了一种存在方式；允许一种有耐心、倾听和同情的空间感，所有这些质量对领导者来说都很重要；mindfulness 的实践可以缓解领导实践的压力并改善压力。❷

因此，mindfulness 逐渐被引入领导学领域，正念领导（mindful leadership）应运而生。

贾妮思·马图雅诺在其著作《正念领导力：卓越领导者的内在修炼》中使用了"mindful leadership"（正念领导）一词。书中提出，正念领导力可以帮助我们实现卓越领导。而对于什么样的人才称得上正念领导者，作者认为，正念领导者是通过专注力、清晰的思维、创造力和同理心的培养，在服务他人时展现出关注当下的领导力，关注当下的领导力是一种切实的品质，需要对当下有完整的、不带批判的关注，正念领导者身边的人都会看到并且感受到它的存在。❸ 该书第二部分介绍了禅修、反思以及有意识暂停等多种训练正念领导力的方法。

曼弗雷德·弗里斯借助自身广泛的团队领导力培训经验，从心理动力学诠释正念并撰写了《正念领导力：洞悉人心的管理秘诀》。书中指出，就领导力训练而言，mindfulness 的作用似乎在于帮助我们认清思想与情感的真实面目，而不是让它们控制自己的生活，抑或不假思索地一味相信它们。对于 mindful-

---

❶ Ahmed, K., Trager, B., Rodwell, M., Foinding, L., Lopez, C.. A Review of Mindfulness Research Related to Alleviating Math and Science Anxiety [J]. Journal for Leadership and Instruction, 2017: 26 – 30.

❷ Wells, C. M.. Conceptualizing Mindful Leadership in Schools: How the Practice of Mindfulness Informs the Practice of Leading [J]. Education Leadership Review of Doctoral Research, 2015, 2 (1): 1 – 23.

❸ [美] 贾妮思·马图雅诺著，陆维东，鲁强译. 正念领导力：卓越领导者的内在修炼 [M]. 北京：机械工业出版社，2017：11.

ness 的意涵，作者认为，mindfulness 与日常行为中的普通意识有很大不同：它有助于我们更深刻地认识某些想法的无用之处；帮助我们加强关注内心与当下；让我们体验不做事或者不努力的感觉，而不是去关注哪些事情需要去做。在 mindfulness 状态下，我们会自觉推迟日程，摈弃判断与共识；在这个过程中，我们同时会被动、警觉、真诚好奇、喜爱钻研；除了被动接受体验，mindfulness 的目的还在于帮助我们与内心想法、情感以及身体感受建立与以往不同的、减少冲突的新关系；mindfulness 的预期结果是能提高福祉——因为我们在处理困难方面花费的时间少了，从而能更多地去关注有意义的活动，也能更多地控制我们的自身想法。❶

由上述 mindfulness 及 mindful leadership 相关文献检视结果可以获知：

（1）mindful leadership 之"正念"，采卡巴金正念减压法中 mindfulness（正念）的意涵，即有目的的、对当下价值无涉的关注和不批判的接纳态度。

（2）mindful leadership 之"正念领导"，目的在于领导者觉知内心与当下，并专注于当下，摒除纷繁之扰，减轻压力和痛感，纾缓调节身心，提升心理复原力，实现个人身心和谐和澄明之境，而此种正念的关注与态度亦为领导者的领导品质。

（3）为达致 mindfulness 正念之境，领导者可经由禅修、冥想的训练和引导。

2. centered leadership 的含义。韦氏在线字典将"centered"诠释为：mainly concerned about or involved with something specified; having a specified kind of center; emotionally healthy and calm，即指主要关心或参与某一特定的事物；有一种特定中心的特质；情绪健康和平静。

centered leadership 最早可见于乔安娜·巴斯，苏西·克兰斯顿与瑞贝卡·克拉斯克 2008 年 9 月在英文版麦肯锡季刊上发表的一篇文章。巴斯为麦肯锡公司的资深领导力培训专家。"centered leadership"是其历经多年的领导力培育实务经验，开发的一项旨在推动并维持组织管理领域的职业女性领导者更加自信，走向成功和卓越的领导力养成计划。

文中指出："centered leadership"，顾名思义，是指拥有身体、智力、情感

---

❶［荷兰］曼弗雷德·凯茨·德·弗里斯著，钱峰译. 正念领导力：洞悉人心的管理秘诀［M］. 北京：东方出版社，2016：12-13.

和精神上的强大力量，激发个人的精神动力从而推动个人走向成功，进而带动其他人；该模型与女性的共鸣特别好，但同样适用于男性领导者。❶

2009 年，乔安娜·巴斯、苏西·克兰斯顿和杰佛里·刘易斯撰写出版了《成为卓越的女性领导：工作和生活的模式》一书。作者将领导力、效能表现和成就成果三个因素纳入一个包括行为、技巧和行动的体系而构建 centered leadership 模型，包括 "meaning" "framing" "connecting" "engaging" "energizing"，即 "意义" "构架" "联结" "投入" "能量" 五个构面。书中提出，在其他条件（资质天赋、受教育程度、动力）相同的情况下，centered leadership 能够让领导者拥有一个核心，进而在情感、智力、人际交往和体力方面协调并做出重大改变，面对新情况而不迷失方向，最终拥有成功的领导之旅。❷

为评估 centered leadership 模型，巴斯、克兰斯顿与刘易斯选取了来自各行各业、各种规模公司的 1938 名职场人作为被试进行调查，被试样本背景变量分布如表 2-2 所示。

表 2-2　centered leadership 受试背景变量分布　　　　　单位:%

背景变量	性别		工作职级			地域					
	男性	女性	副总	高级经理	中层经理	北美洲	欧洲	亚太	中国	印度	拉美地区
百分比	72	28	34	41	25	35	28	12	6	7	12
合计	100		100			100					

研究结论如下：

（1）centered leadership 适应于各种不同的文化环境。

（2）centered leadership 能影响一个人的满意度、表现和成就。

（3）centered leadership 能帮助女性激发天生的优势——女性领导者表现出来的优势。

❶ Barsh, J., Cranston, S., Craske, R.. Centered Leadership: How Talented Women Thrive [z]. https://www. mckinsey. com/featured - insights/leadership/centered - leadership - how - talented - women - thrive, 2008, 9.

❷ Barsh, J., Cranston, S., Lewis, G.. How Remarkable Women Lead: The Breakthrough Model for Work and Life [M]. New York: Crown Business, 2009: 26 - 29.

（4）女性和男性一样能实践 centered leadership 模型。❶

2014 年，乔安娜·巴斯和约翰妮·拉沃伊撰写出版了《正念领导：目的、明确性和影响》，该书可以看作《成为卓越的女性领导：工作和生活的模式》的姐妹篇。书中指出，很大程度上 centered leadership 是在教我们如何在认知当下所处状态中采取行动，帮助我们成为团队和组织中的优秀领导者，因为 centered leadership 能够让我们发现更多的可能性，迎接各种挑战、直面逆境而不是简单回避；centered leadership 适用于不同性别、不同文化、不同行业背景的人。❷

巴斯与拉沃伊进一步将意义、构架、联结、投入和能量五个构面与先决条件（包括领导的意愿、才能和知识、变革能量）与成果（包括领导影响、成就达成、韧性）相结合，构建了 centered leadership（正念领导）模型❸（见图 2-1）。

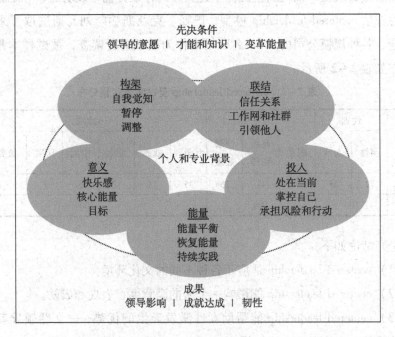

图 2-1　正念领导模型

❶ Barsh, J., Cranston, S., Lewis, G.. How Remarkable Women Lead: The Breakthrough Model for Work and Life [M]. New York: Crown Business, 2009: 257 - 263.

❷ Barsh, J., Lavoie, J.. Centered Leadership: Leading with Purpose, Clarity, and Impact [M]. New York: Crown Business, 2014: 5.

❸ Joanna Barsh, Johanne Lavoie. Centered Leadership: Leading with purpose, clarity, and impact [M]. New York: Crown Business, 2014: 5.

在上述 centered leadership 模型中，"意义"是整个模型的基础，它能建立正确的行为动机，帮助领导者明确工作的方向；在模型的最顶端，是三组能力和行动策略——"构架""联结""投入"，这三组能力和策略能带来持续的成功，不断增加生活的乐趣；"能量"则赋能和推进每个领导者的领导历程。❶

综合上述文献分析，可见，centered leadership 之正念领导强调以下几点：

（1）重视意义与目标。领导者要能够构建有意义的目标，形成核心能量。

（2）学会暂停，专注当前，重视领导者的观点调整及行动策略。领导者要觉知当前，审时度势，学会暂停与悬置，调节观点和策略，并能够采取适宜的行动，引领组织成员以解决实际问题。

（3）重视领导者与被领导者间的情感关系。双方之间的情感关系不能仅停留于职务分配间的工作联结，而是建立在工作联结基础上的一种互相信任的情感联结和伙伴关系。

（4）强调参与投入，重视领导者影响力和能量韧性。领导者对组织和被领导者的持续深远的影响力，自身及组织成员持续增能的能力。

（5）融意义目标、行动策略与能量韧性的动态性与整体性于一体。通过五个构面间的动态统一，将领导者、被领导者、领导目标、领导行为与过程及领导成果集中于 centered leadership 模型中。

3. "mindful leadership"与"centered leadership"的比较分析。

综合上述文献，将 mindful leadership 与 centered leadership 比较分析如下。

（1）二者相同之处表现为均含有"正念"意涵。"正念"在中文中源于自我调节的禅修方法及用语，即一种修行方法，将心念专注，达观身不净、观受是苦、观心无常、观法无我之境界。❷ 在《佛学常见词汇》辞典中，"正念"被解释为：正确的念头，亦实时常忆念正道，不使思想行为有错误，为八正道（正见、正思、正语、正业、正命、正念、正定、正精进）之一。

由上述文献探讨获知，mindful leadership 与 centered leadership 均含有领导者以平静之心觉知、关注，即学会暂停且专注内心与当下的意涵，此意涵与中文"正念"的意涵一致。基于此，本研究认为 mindful leadership 与 centered

---

❶ Barsh, J., Cranston, S., Lewis, G.. How Remarkable Women Lead: The Breakthrough Model for Work and Life [M]. New York: Crown Business, 2009: 26.

❷ 转引自陈寀羚，周汎澔，王秀红. 正念之概念分析 [J]. 护理杂志，2016，63（2）：113－119.

leadership 均具有"正念"意涵，即有目的地、有意识地对当下、对此在的觉知与专注。

检视 mindfulness 的中文译文，"正念"并非 mindfulness 的唯一中文译文。在正念静观中国网站（www. mindfulnesschina. cn）中对 mindfulness 的解释提到：除"正念"之外，mindfulness 也常译作"静观"，包括静观减压课程（MBSR）、静观认知疗法（MBCT）。

检视 centered leadership 的中文译文，李宛蓉（2018）在翻译巴斯的著作《麦肯锡教我在哪工作就在哪成长》一书时，在该书作者简介中将 centered leadership 译为"执中领导力"。而最早将 centered leadership 翻译为"正念领导"的是于中华 2015 年翻译出版的《正念领导：麦肯锡领导力方法》。可见，不同研究者对于同一个英文词汇的译文可能会有不同的中文选择。

综合上述对 mindful leadership 与 centered leadership 意涵的检视与比较分析，本研究认为 centered leadership 含有"正念"意涵。因此，本研究亦采用于中华的译文，将 centered leadership 译为"正念领导"，且以 centered leadership 所指正念领导为本书的核心变量之一。

（2）二者相异之处表现为"正念"结果的指向性不同。mindful leadership 与 centered leadership 虽均含有领导者的觉知、专注意涵，但是，领导者觉知内心与当下后，其"正念"结果的指向性存在差异。

mindful leadership 为"内观"以达正念，指向领导者质量，即觉知而无所为的个人正念领导质量。核心为以"禅修""冥想"达致 mindfulness（正念）之境为主轴，目的在于内观、觉知后实现个体的心理纾压与观照，进而提高领导者的专注力和个体内在领导质量。

而 centered leadership 为"外行"以践履正念，指向于领导者行为表现，即觉知而有所为的正念领导行为。核心为以领导者的行动力为主轴，目的在于领导者觉知内心与当前的状况，透过自我调控，转换观点，采取正向行动策略与作为，发挥领导影响力，进而达致领导目标、获致领导成效。而这个意义上的领导恰为本研究所取径的正念领导意涵。

综合上述分析，本研究认为 centered leadership 的意义与前述探讨的管理科学领域中的领导（leadership）意义相符，且 centered leadership 研究结论表明，虽然男性和女性一样能实践 centered leadership 领导模式，但该模式更能帮助女性激发天生的优势。幼儿园实践场域以女性领导者居多，进而言之，

centered leadership 的正念领导模型，与本研究探讨的幼儿园实境的领导意义及场域境况相符合。因此，本研究正念领导采用巴斯等人提出的 centered leadership 正念领导意涵。

基于 centered leadership 内涵及考量幼儿园场域实况，本研究将园长正念领导界定为：幼儿园园长深具正向理念与权变思维，能够专注于幼儿园当下及未来发展，因应科学育儿的需要建立愿景，协同教师不断提升教保知能素养，引领幼儿园正向互动关系和文化创建，凝聚幼儿园力量，带来对幼儿园组织和师生员工积极正向影响力的行为。

（三）园长正念领导的研究构面

查阅相关期刊和学位论文资料，有关 centered leadership（正念领导）的研究成果极少，仅有两部著作、英文版麦肯锡季刊中的三篇文章和中文版麦肯锡季刊中的一篇文章，并且均为巴斯与不同作者在不同时期发表的研究成果（见表2 – 3）。

表2 – 3　centered leadership 相关研究成果

序号	研究者（时间）	文献	类型
1	Barsh，Cranston & Craske（2008）	Centered Leadership: How Talented Women Thrive	论文
2	Barsh，Cranston & Lewis（2009）	How Remarkable Women Lead: The Breakthrough Model for Work and Life	专著
3	Barsh，Mogelof & Webb（2010a）	How Centered Leaders Achieve Extraordinary Results	论文
4	Barsh，Mogelof & Webb（2010b）	The Value of Centered Leadership: McKinsey Global Survey Results	论文
5	Barsh & Lavoie（2014）	Centered Leadership: Leading with Purpose, Clarity, and Impact	专著
6	Barsh，Lavoie & Webb（2015）	正念领导力：做最好的自己	论文

上述研究成果中正念领导（centered leadership）均包含"意义""构架""联结""投入""能量"五个构面❶（见表2 – 4）。

---

❶　Joanna Barsh, Johanne Lavoie . Centered Leadership : Leading with purpose, clarity, and impact [M]. New York: Crown Business, 2014: 6 – 7.

表 2 - 4 centered leadership 构面及内涵

构　面	内　涵
意义	意义是正念领导的核心。它从快乐出发：有意义的事情会使参与者体验持久的满足，带来动力和活力。明确目标，会激励我们获得信念、勇气和信心；愿景领导，能够将挑战转化为机遇，并拥有正向能量
构架	反思和知觉是什么阻碍了我们的思想和行动，通过接受和适应，重新构架心态和信念，开阔视野、调整行动以建立优势，并以正向能量带动他人共同进步
联结	真诚的信任会使人际关系变得更好，亦能扩展领导愿景。归属感是意义的强大动力；建立信任关系能够增加调整构架观点的空间，亦使我们能够承担风险并进一步采取行动
投入	当意图（你希望的）、注意力（你关注的）与情绪（你如何经历的）一致时，你就存在于此时此刻。觉察当下能够帮助你平衡恐惧和希望，面对机遇和挑战，接受行为的风险。投入其中会充满力量，这种力量使我们接近目标，看到机会，吸引他人，并释放正向能量
能量	学会管理资源和自身能量，并在需要时得以恢复。能量是每个因素的燃料。精力充沛的领导者和团队，在面对挑战时，充满能量，能够暂停并适时调整构架观点，吸引和动员他人，面对风险并采取行动

基于幼儿园教育场域，本研究幼儿园园长正念领导的测量构面也从上述五个方面予以界定。

二、园长正念领导的相关理论

(一) 知行合一的实践哲学

知行合一思想由明代著名思想家、哲学家王守仁（1472—1529）提出，知行合一的核心命题为"一念发动处即是行"。王守仁认为：今人学问，只因知行分作两件，故有一念发动，虽是不善，然却未曾行，便不去禁止；知行合一，即，一念发动处，便即是行了；发动处有不善，就将这不善的念克倒了；须彻根彻底，不使那一念不善潜伏在胸中。● "知行合一"实践了儒家"内圣外王"的品格，在成就自我的同时肩负社会教化、教育的责任，是君子品性的自然显现；"知行合一"说具有极其明显的实践性特征，本质上是一种"实

● 转引自方旭东. 意向与行动——王阳明"知行合一"说的哲学阐释［J］. 社会科学，2012 (5)：131 - 137.

践哲学", ❶ 其内隐着一种动态性的认知方式。

知行合一思想给予教育领导者的启示：一个领导者在现实活动中，首先要有明确的领导目标与组织愿景，然而作为组织的领导者不要仅仅停留于目标与愿景的动念，更要找到行动的路径，带领组织成员去实践愿景，体认愿景，此即是领导者的正念所在。换言之，具正念的领导者在觉知内心与当下后，不能仅有向内的禅修、冥想之正念质量，更要采具有正向行动力的领导实践，才是领导的本旨，所谓"知者行之始，行者知之成"。

（二）正向心理学

正向心理学最早由美国宾夕法尼亚大学心理学教授马丁·塞利格曼于1998 年提出。正向心理学是对人类经验的积极方面的科学研究。正向心理学侧重于心理健康的幸福感、满意度和积极方面，而非传统上关注人们的弱点和精神疾病等消极因素的心理学，而几十年来确定的有效领导者的两个因素，一是实现结果"目标"；二是建立影响人们实现这些目标的正向关系。正向心理学则恰好倾向于有效领导的关系因素。❷

克利夫（2012）、塞利格曼（2002、2011）指出，正向心理学适用于学校管理人员最大限度地提高工作绩效和满意度，主要体现为七个方面：（1）以激情和充满活力的方式迎接工作挑战；（2）从工作的挫折和逆境中学习；（3）参与制定学校目标并采取行动来实现目标；（4）将员工视为学区和学校的主要资产，并帮助员工做到最好；（5）专注于与学校所有利益相关者建立正向而有意义的关系；（6）找到满足感和兴奋的创造力，解决问题，提高工作效率；（7）超越自我，帮助员工和其他人在工作中获得满足。❸

由此可知，正向心理学主张个人以积极的心态和思考方式面对一切事物。强调积蓄正能量，养成正向情绪，采正向行动进而能够创造正向价值与意义。幼儿园园长在实践自己的领导工作时，应深刻领悟正向心理学的理念与重要内涵，致力于发挥正向影响力，此为领导之本质。

---

❶ 胡小琴. 论王阳明"知行合一"的哲学特质 [J]. 求索, 2013 (9): 114 – 116, 70.

❷ Bartz, D. E.. Applying Positive Psychology to School Administrators [J]. International Journal of Education and Social Science, 2017, 4 (8): 1 – 11.

❸ 转引自 Bartz, D. E.. Applying Positive Psychology to School Administrators [J]. International Journal of Education and Social Science, 2017, 4 (8): 1 – 11.

（三）正向组织行为学与正向领导理论

美国尼勃拉斯加大学教授、经济管理系权变学派的代表人物弗雷德·卢桑斯将正向心理学运用于组织行为学研究，并于 2002 年提出了"正向组织行为学"，将其定义为"为提高工作场所绩效，以积极取向对人力资源、心智能力等进行测量、开发和有效管理的研究和应用科学"；"正向组织行为"是指组织成员表现出的一切有利于组织目标实现的行为，如尽职尽责、遵守规章制度等。❶

美国密歇根大学罗斯商学院组织行为与人力资源管理教授金·卡梅隆于 2008 年出版的《正向领导：极致表现的策略》一书介绍了正向领导模型，我国台湾地区学者林新发引介卡梅隆的正向领导理论且探讨了华人地区正向领导模型。

1. 卡梅隆提出的正向领导模型。卡梅隆提出了包括正向氛围、正向关系、正向沟通和正向意义四个构面的正向领导策略架构❷（见图 2-2）。

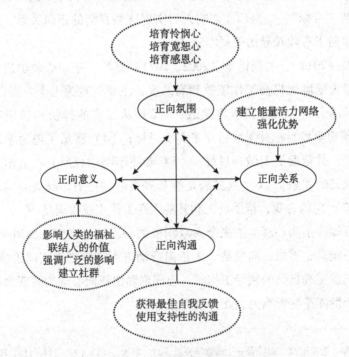

图 2-2　卡梅隆提出的正向领导模型

---

❶ 转引自林新发. 心理资本与正向组织行为 [J]. "国民教育", 2012, 52 (4)：1-7.
❷ 林新发. 正向氛围促进学校迈向卓越 [J]. "国民教育", 2009, 50 (2)：1-6.

2. 林新发提出的华人正向领导模型。我国台湾地区学者林新发认为，正向领导是一种值得采用的领导行为和策略，领导者采行正向领导对组织的发展或成功有极大的关系和影响力，且能使组织迈向优质卓越。综合华人地区特有的家长式领导与中国式领导模型，林新发认为正向领导模型的架构包括五个要素：组织内外情境、领导者特质与角色、团体系统动能、正向行动策略与领导效能。正向领导不仅是一种从领导者角度出发的领导行为，也是一种站在被领导者的立场所构成的交互作用，● 并进一步整理规划出正向领导模型的架构初探图（见图 2-3）。

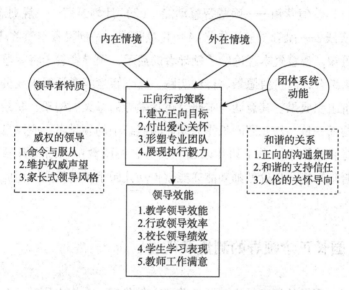

图 2-3　林新发提出的华人正向领导模型

由上可知，从正向组织行为学和正向领导观点来看，领导者的正向领导会带来学校组织成员的正向行为，进而使组织和成员均走向正向和卓越。在前述文献探讨中获知，正念领导（centered leadership）含有"正向积极"（positive）的领导取向，positive 为本研究正念领导已有内涵。卡梅隆与林新发提出的正向领导模型，均包含意义、氛围、关系、沟通几个构面，与本研究正念领导的意义、联结、投入等构面意涵亦相符合。因此，本研究园长正念领导也遵循上述正向领导思想理路，导引幼儿园组织行为和教师正向成长与发展，进而实现教育目标。

● 林新发. 再论学校校长正向领导模式之建构［J］. "国民教育"，2011，52（2）：1-12.

（四）智慧资本理论

智慧资本原属管理学词汇，后被引入教育领域，其原指运用脑力的行为，为组织创造价值的来源。我国台湾地区学者郑崇趁（2013）指出，智慧资本是指一个组织之内所具备开展知识技术的潜在能量，此一潜在能量建立在成员的核心能力、认同承诺程度，以及其绩效表现的激励之上；在学校教育领域，强化智慧资本的基础是核心能力；转动智慧资本的核心是价值认同；畅旺智慧资本的贡献在于实践力行。从学校经营方面来看，智慧资本的经营要领包括四个方面：（1）价值营销——唤醒智慧动能；（2）计划经营——规划志业愿景；（3）行动实践——融合学校运作；（4）智慧管理——创发资本效益。❶

由上可知，智慧资本理论给予领导者的启示：领导者善于将智慧资本与组织领导行为结合，以价值愿景、行动实践、管理智慧等激活组织成员的智慧资本，可创价组织成果。其意涵与本研究正念领导的意义、构架、联结、投入和能量五个构面一致。幼儿园园长作为幼儿园组织中的领导者，应以自身的专业知能，凝练智慧资本，融于幼儿园领导实务，协同教师不断提升教保知能素养，创价管理知能、创价教师知能亦能创价幼儿园组织的发展，而此亦为园长领导之要义。

三、园长正念领导的测量及问卷

有关正念领导的研究较少，通过前述文献分析，获知本研究正念领导具正向的意涵，与正向领导主旨最为接近，而本研究的研究对象为幼儿园场域的园长领导。因此，本研究分别对园长领导的测量及问卷的相关研究与正向领导的测量及问卷的相关研究加以汇整分析以做参考，分述如下。

我国台湾地区学者林新发等（2011）的《两岸三地小学校长正向领导、学习文化对学校创新经营效能影响之研究（Ⅱ）——台北市、上海市、香港地区之比较分析》，采用问卷调查，里克特六点量表多阶段抽样方式，以三地区小学现职校长、主任、组长及教师为调查对象，有效回收2035份问卷。该研究中"校长正向领导问卷"包括"展现执行毅力""付出爱心关怀""形塑专

---

❶ 郑崇趁. 校长学 [M]. 新北：心理出版社，2013.

业团队""建立正向关系"4个构面，共计24个题项。❶

　　许丽娟（2015）在其博士学位论文《幼儿园园长转型领导、教保人员组织承诺与教学效能关系之研究》中采用混合研究设计里克特七点量表，分层随机抽样发放489份问卷对我国台湾地区幼儿园教师进行调查研究。该研究中"园长转型领导问卷"包括"发展愿景""人际关怀""魅力影响""才智激发"4个构面，共计22个题项。❷

　　黄焕超（2017）在其博士学位论文《幼儿园教保服务人员知觉的正向领导、心理资本、职场灵性与生命意义感之关联性研究》中采用里克特五点量表，丛集抽样方式，以我国台湾地区幼儿园教保服务人员为研究对象，回收有效问卷854份。该研究中"正向领导问卷"包括"正向氛围""正向关系""正向沟通""正向意义"4个构面，共计20个题项。❸

　　将上述问卷的信效度情况汇整，如表2-5所示。

表2-5　园长领导测量问卷信效度情况汇整

研究者（时间）	研究题目	相关问卷	问卷构面	各构面克隆巴赫系数	问卷克隆巴赫系数	累积解释变异量
林新发等（2011b）	两岸三地小学校长正向领导、学习文化对学校创新经营效能影响之研究（Ⅱ）	校长正向领导问卷	展现执行毅力	0.95	0.98	80.52%
			付出爱心关怀	0.95		
			形塑专业团队	0.94		
			建立正向关系	0.93		
许丽娟（2015）	幼儿园园长转型领导、教保人员组织承诺与教学效能关系之研究	园长转型领导问卷	发展愿景	0.94	—	
			人际关怀	0.95		
			魅力影响	0.96		
			才智激发	0.88		

---

❶ 林新发，王秀玲，仲秀莲，钟云英，黄秋銮，林佳芬，颜如芳. 两岸三地小学校长正向领导、学习文化对学校创新经营效能影响之研究（Ⅱ）——台北市、上海市、香港地区之比较分析［Z］. 华中师范大学中外教育交流国际学术研讨会，2011，8.

❷ 许丽娟. 幼儿园园长转型领导、教保人员组织承诺与教学效能关系之研究［D］. 嘉义：嘉义大学，2015.

❸ 黄焕超. 幼儿园教保服务人员知觉的正向领导、心理资本、职场灵性与生命意义感之关联性研究［D］. 高雄：高雄师范大学，2017.

续表

研究者 （时间）	研究题目	相关 问卷	问卷 构面	各构面 克隆巴赫 系数	问卷 克隆巴赫 系数	累积解释 变异量
黄焕超 （2017）	幼儿园教保服务人员知觉的正向领导、心理资本、职场灵性与生命意义感之关联性研究	园长正向领导问卷	正向氛围	0.93	—	80.40%
			正向关系	0.94		
			正向沟通	0.94		
			正向意义	0.91		

综上可见，上述研究测量问卷的信效度检测均呈现良好，且与本研究正念领导构面意义相类似。因此，本研究中幼儿园园长正念领导问卷编制主要参阅上述几位研究者的问卷成果，并评估幼儿园教育场域实况，自行编制园长正念领导问卷，以作为本研究的测量工具。

第二节　教师学习文化的意涵、理论与测量的研究

国家之间未来的竞争在于人才的竞争，而人才的培养需要教师。教师历来被誉为人类灵魂的工程师，肩负着教书育人的天职，若想成为责任良师，教师要在当下具备一定的专业文化素养，同时必须不断精进自己的知能。因而，教师群体成为具有持续学习特质的群体。不仅是中小学和高校教师，幼儿园教师能否形成良好的学习文化，同样关系着学前教育服务供给侧质量的优劣。本节将分别对教师学习文化的意涵、教师学习文化的构面、教师学习文化的相关理论和教师学习文化的测量及问卷的相关研究进行探讨、汇整和分析。

一、教师学习文化的意涵

（一）教师学习文化的内涵

文化既是一种"此时此地"的动态现象，又是一种具有影响力的背景结

构，它会以多种方式对人们施加影响。❶ 从此种意义上看，人即为一种文化性的存在。因而自有人类社会时起，就有文化，然而"文化，文化，言之固易，要正确地加以定义及完备地加以叙述，则并不是容易的事"❷。

在我国，"文化"作为合成词最早见于西汉刘向的《说苑·指武》，"凡武之兴，为不服也，文化不改，然后加诛"。❸《现代汉语词典》（第七版）中对"文化"的解释之一为"人类在社会历史发展过程中所创造的物质财富和精神财富的总和，特指精神财富，如文学、艺术、教育、科学等"。

"文化"对应的英语词汇为"culture"，韦氏在线字典对"culture"的解释为："the beliefs, customs, arts, etc. of a particular society, group, place, or time; a particular society that has its own beliefs, ways of life, art, etc." "a way of thinking, behaving, or working that exists in a place or organization (such as a business)" "artistic activities (such as music, theater, painting, etc.)"。即指"特定社会、群体、地点或时代的信仰、习俗、艺术等；有自己的信仰、生活方式、艺术等的特定社会" "一种思维、行为或工作的方式" "艺术活动（如音乐、戏剧、绘画等）"。

目前学术界普遍认为英国文化人类学家爱德华·泰勒在 1871 年出版的《原始文化》中最早给予"文化"内涵以科学的界定。泰勒在书中指出："文化或文明，就其广泛的民族学意义来说，是包括全部的知识、信仰、艺术、道德、法律、风俗以及作为社会成员的人所掌握和接受的任何其他的才能和习惯的复合体。"❹

我国台湾地区学者吴明清（2001）认为，比较通俗而且常被引用的"文化"的定义为特定人群共有的规范、价值、信念以及行为形态。亦有观点将"文化"界定为特定人群共有的意义体系，进而分析出"文化"具有的四个特征：其一，文化是属于某一群人的特质；其二，文化是群体共同的认同与表现；其三，文化的内涵包括外显的行为及内隐的信念与价值；其四，文化的本质是意义体系，而非行为形态。❺

---

❶ ［美］埃德加·沙因著，章凯，罗文豪，朱超威译. 组织文化与领导力（第四版）［M］. 北京：中国人民大学出版社，2014：3.

❷ ［英］布罗尼斯拉夫·马凌诺斯基著，费孝通译. 文化论［M］. 北京：华夏出版社，2002：2.

❸ 葛金国，吴玲. 教师文化通论［M］. 合肥：安徽大学出版社，2012：3.

❹ ［英］爱德华·泰勒著，连树声译. 原始文化［M］. 桂林：广西师范大学出版社，2005：1.

❺ 吴明清. 教育向前跑——开放社会的教育改革［M］. 台北：师大书苑有限公司，2001.

朱炜（2009）从组织管理学角度指出人类社会组织的文化属性，认为"组织是一种人格化的社会实体，它是一群人为实现共同的目标而形成的分工合作的有机结构；一个其内部成员相互联系、相互作用的团体，在延续过程中会不可避免地产生一种潜在价值体系，这就是文化"❶。

学校作为一种传播人类文化科学知识、承载人类教育活动的社会组织机构，无论是从社会组织机构还是从学校肩负的社会功能来看，其本身内在地具有文化性特质。郑金洲在《教育文化学》中论及文化与教育的关系时也曾指出"教育是文化的表现形式，是文化中的一个重要组成部分"❷。我国台湾地区学者陈木金（1999）指出："学校为一种教育性组织，必须形成一种积极性的学校文化，才有利于教育目标之达成；学校又是一种专业的组织，欲发挥其专业的功能，必须重视其文化环境的安排，才有利于其专业目的之实现。"❸

学校是社会组织，学校文化即为组织文化，在教育实务中，教师既为学校组织构成的重要成员，也是学校组织文化的建构者、践行人，是学校组织文化中的"人"。因此，本研究中教师学习文化也应置于组织文化的框架下加以阐释与讨论。

组织文化的研究最早可追溯到1930年，而在20世纪80年代相继出版的《追求卓越》《企业文化》及《Z理论》，是组织文化领域堪称里程碑式的三本著作，引领了后续学界及研究者们对组织文化的深入探讨。美国麻省理工学院斯隆商学院教授、著名企业文化与组织心理学领域的开创者和奠基人埃德加·沙因为公认的组织文化研究领域较具代表性的学者。沙因将文化划分为三个层次（见表2-6）。

表2-6　沙因的文化层次划分

层次	内容
1. 人工成分——难以描述	可见的、能感觉到的体系和过程
	观察到的行为
2. 信奉的信念和价值观——可以与行为和其他人工成分一致，也可以不一致	理想、目标、价值观和抱负
	意识形态
	合理化

---

❶ 朱炜. 西方学校组织文化与学校效能研究评析［J］. 外国中小学教育, 2009（10）：18－22.
❷ 郑金洲. 教育文化学［M］. 北京：人民教育出版社, 2000：8.
❸ 陈木金. 从学校组织文化塑造谈如何增进学校领导效能［J］. 学校行政, 1999, 3：14－29.

续表

层次	内容
3. 潜在的基本假设——决定行为、感知、思想和情感	无意识的、理所当然的信念和价值观

　　沙因基于上述对文化的认识，在 2014 年出版的《组织文化与领导力》（第四版）中将组织文化定义为："一个群体在解决其外部适应性问题以及内部整合问题时习得的一种共享的基本假设模式，它在解决此类问题时被证明很有效；因此，对于新成员来说，在涉及此类问题时这种假设模式是一种正确的感知、思考和感受的方式。"● 而对于组织文化的来源问题，沙因认为组织文化主要来源于三个方面：该组织创立者/领导者的信念、价值观以及假设；群体成员在组织演变过程中的学习经历；由新成员和新领导者带来的新的信念、价值观和假设。●

　　对于组织文化的内涵，众多研究者也都进行了深入的研究，并从不同角度提出了不同的观点，主要包括以下几种观点。

　　首先，从组织文化的形成与构成要素角度，我国台湾地区研究者吴清山（1992）提出，组织文化是指一个组织经过其内在运作系统的维持与外在环境变化的互动，所长期累积发展的各种产物：信念、价值、规范、态度、期望、仪式、符号、故事和行为等，组织成员共同分享这些产物的意义后，会以自然而然的方式表现于日常生活之中，形成组织独特的现象。● 谭光鼎（2007）也认为，组织文化应是组织成员为维持组织运作，并适应外在环境变迁所累积的各种人、事、物的现象；具体而言，大致包括可见的器物、人物、语言，以及较为抽象的制度、规范、价值信念等。●

　　其次，基于对组织文化的功能认识，西尔弗茨威格 1976 年在《斯隆管理评论》中曾明确指出："每个组织中的文化都会发展出一套不成文的规则，这

　　● ［美］埃德加·沙因著，章凯，罗文豪，朱超威译. 组织文化与领导力（第四版）［M］. 北京：中国人民大学出版社，2014：16.
　　● ［美］埃德加·沙因著，章凯，罗文豪，朱超威译. 组织文化与领导力（第四版）［M］. 北京：中国人民大学出版社，2014：189.
　　● 吴清山. 学校效能研究［M］. 台北：五南图书出版有限公司，1992.
　　● 谭光鼎. 再造学校文化以推动学校组织革新［J］. 中等教育，2007，58（1）：4-20.

些规则会强烈影响组织成员的行为。"❶ 廖述贤、吴启娟、胡大谦与乐意岚 （2008）提出，组织文化为组织内共同的信念与价值观，是组织成员互动后所形成的，可作为规范行为的准则，且普遍而全面地存在于组织中，直接或间接地影响组织成员的行为。❷ 苏雪梅（2012）也指出："组织文化是组织成员共享的意义系统，是由社会、历史和心理等多种因素共同作用，经过复杂的社会和心理过程形成的一种由成员共享的价值观念。它既表现为组织制度环境的一个部分，实现支持组织社会生活的稳定化和秩序化的作用；也表现为组织内部的一个控制系统，由共享的价值观和文化影响个体对组织内各种行为和表现的解释，引导着个人的态度和行为。"❸ 苏哈宁西与穆尔泰乔（2017）也提出："组织文化可以被描述为组织成员所持有的价值观、规范、生活方式、信仰和态度的系统。组织文化的各个方面都会影响和塑造其成员在执行组织任务时的行为。"❹ 而维卡克索诺、苏拉蒂与苏亚特尼（2018）同样提出："组织文化是指员工如何看待组织文化的特征，而不是员工是否喜欢组织文化，组织文化是员工的感受，它创造了员工的信念、价值观和期望的模式。"❺

最后，从组织文化的特征角度，斯蒂芬·罗宾斯与蒂莫西·贾奇（2016）认为，组织文化是组织成员共享的一套能够将本组织与其他组织区分开来的意义体系。同时，罗宾斯与贾奇明确指出组织文化的七个特征：一是创新与冒险——员工在多大程度上受到鼓励进行创新和冒险；二是关注细节——员工在多大程度上被期望做事缜密、仔细分析和注意细节；三是结果导向——管理层在多大程度上重视结果和效果；四是员工导向——管理决策在多大程度上考虑到决策结果对组织成员的影响；五是团队导向——工作活动在多大程度上围绕团队进行组织；六是进取心——在何种程度上，组织成员是有进取心和竞争

---

❶ 转引自朱炜. 西方学校组织文化与学校效能研究评析 [J]. 外国中小学教育，2009（10）：18 – 22.

❷ 廖述贤，吴启娟，胡大谦，乐意岚. 组织文化、知识取得、组织学习与组织创新关联性之研究 [J]. 人力资源管理学报，2008，8（4）：1 – 29.

❸ 苏雪梅. 组织文化与员工认同：理论与实践 [M]. 北京：中国社会科学出版社，2012：46.

❹ Suharningsih & Murtedjo. Role of Organizational Culture on the Performance Primary School Teachers [J]. Journal of Education and Learning, 2017, 6（1）：95 – 101.

❺ Wicaksono, B., Surati, & Suyatni, M.. The Influence of Organizational Culture and Leadership Behavior of Teacher Discipline at High School, North of Lombok [J]. The International Journal of Business & Management, 2018, 6（2）：109 – 113.

力的；七是稳定性——组织活动在多大程度上强调维持现状。❶

综合上述对于组织文化内涵的不同视角与观点，组织文化的内涵主要可以从以下几方面加以理解：

1. 组织文化是由组织长期积累而来的，为组织成员所共享。

2. 组织文化主要包括制度、信念、价值、规范、符号和行为。

3. 组织文化具有自身的独特特质，会影响组织中的每个人。

学校作为具有教育性的社会组织，教书育人、为社会发展培养人既是社会对学校的内在要求，也是学校的社会功能所在。学校在其运行过程中也会经年累积并形成承载自身属性的组织文化，学校形成的组织文化可以称为"学校组织文化"或简称为"学校文化"。

基于学校教育场域的组织特性，不同的研究者对于学校组织文化的内涵给出了不同的界定（见表2-7）。

表2-7 学校组织文化定义

研究者（时间）	学校组织文化定义
俞国良、王卫东、刘黎明（1999）❷	学校文化是学校所特有的文化现象，是以师生价值观（学生为主体、教师为主导）为核心以及承载这些价值观的活动形式和物质形态，包括学校的教育目标、校园环境、校园思潮、校风学风以及以学校教育为特点的文化生活、教育设施、学生社团组织、学校传统习惯和学校的制度规范、人财物管理等内容。学校文化的主要内容是指学校在长期的办学过程中所形成的共同的价值观念
郑金洲（2000）❸	学校文化是指学校全体成员或部分成员习得且共同具有的思想观念和行为方式
李小红、邓友超（2003）❹	学校组织文化是学校管理者、教师和学生在长期的管理、教育教学实践中，通过交互作用而创生出来的支配他们行为的价值观念、管理思想、群体意识等观念文化和管理制度、行为规范、人际模式等制度文化

❶ ［美］斯蒂芬·罗宾斯，蒂莫西·贾奇著，孙健敏，王震，李原译. 组织行为学［M］. 北京：中国人民大学出版社，2016：409.

❷ 俞国良，王卫东，刘黎明. 学校文化新论［M］. 长沙：湖南教育出版社，1999：30-31.

❸ 郑金洲. 教育文化学［M］. 北京：人民教育出版社，2000：240.

❹ 李小红，邓友超. 教师反思何以可能——以学校组织文化为视角［J］. 高等师范教育研究，2003，15（3）：43-48.

续表

研究者（时间）	学校组织文化定义
徐建培（2004）❶	学校组织文化是一种"社会亚文化"，是学校在发展过程中形成的具有特色的价值观念、伦理道德、精神风范等意识形态的总和，反映着自己的"组织个性"。学校组织文化从其内涵而言，包含精神文化、制度文化和物质文化三个层次
张明辉（2009）❷	学校组织文化是学校在对环境调适以及本身内部的统整过程中，发展成有形或无形（如内化的信念、价值观、假定与行为模式）而为学校成员所共同享有或特有的产物，时间累积的结果会逐渐成为每一所学校所独有的现象，且有异于其他学校
林明地、陈成良（2010）❸	学校组织文化指学校成员所持有的基本假定及信念，此一基本假定与信念是借由处理平日学校内外部事务的方式发展而来的，并形塑了学校的典礼、仪式、传说、人工器物，以及学校成员的知觉、态度与行为模式
苏亚特尼等（2016）❹	在学校组织中，组织文化是学校组织内达成和发展的一种基本假设或基本哲学模式

综合上述关于组织文化与学校组织文化意义的界定，本研究认为学校组织文化是经由学校组织成员长时间的累积发展所形成的思想观念、价值体系、制度规范与行为模式。但是，"学校由于具有独特的组织结构、角色组合、运作程序（如课程教学），因此，学校表现出独特的文化现象"❺。学校文化的形成依其构成要素来看"由师生、学校管理者、教师、行政人员、家长和学生之间的互动形成"❻。从文化学的角度来看，教师文化属于学校文化的范畴，是学校文化的重要组成部分。

吴明烈（2006）进一步指出，在学校组织文化中，组织成员是工作者也

❶ 徐建培. 论学校组织文化建设 [J]. 当代教育科学, 2004 (12)：7-9.
❷ 张明辉. 学校经营与管理新兴议题研究 [M]. 台北：学富文化事业有限公司, 2009.
❸ 林明地, 陈成良. "国小"校长道德领导对学校组织文化与学生学习表现之影响 [J]. 教育学刊, 2010, 35：129-165.
❹ Suharyati, H., Abdullah, T. & Rubini, B.. Relationship between Organizational Culture, Transformational Leadership, Working Motivation to Teacher's Innovativeness [J]. International Journal of Managerial Studies and Research, 2016, 4 (3)：29-34.
❺ 谭光鼎. 再造学校文化以推动学校组织革新 [J]. 中等教育, 2007, 58 (1)：4-20.
❻ Veeriah, J., Piaw, C. Y., Li, S. Y., & Hoque, K. E.. Teachers' Perception on the Relationships between Transformational Leadership and School Culture in Primary Cluster Schools [J]. Malaysian Online Journal of Educational Management, 2017, 5 (4)：18-34.

是学习者；在此组织中，不仅个人进行学习，团队与整体组织亦持续进行学习，并促使组织不断创新与改善。❶ 这就使得学校组织文化在实践中表现为一种学习文化。

陈木金等（2006）明确提出，学校的学习文化是一种有利于学习的组织文化，是指教师能知觉到学校内发展出一种有利于教师学习行为的基本假定与价值观，并透过领导、学习与学校成员彼此间的互动，在典章、制度、语言、故事、物理环境与管理形态等方面建立一种鼓励学习的共同活动和行为规范。❷

肖正德（2013）认为，教师学习文化是指教师群体在长期的学习文化活动中共同创造、经由历史积淀、具有其独立的风格和特征并以特有的存在方式潜移默化地影响教师学习与发展的物质和精神共同体；教师学习文化包括三个层面：教师学习物质文化层、教师学习制度文化层、教师学习精神文化层。❸

学校是传递人类知识的场所，教师的主要职责是教书育人，因而，教师是社会中的"文化阶层"，教师需要不断地学习以充实新知能。综合上述有关学校组织文化、教师学习文化的研究及考量幼儿园研究场域，本研究将教师学习文化定义为：为适应幼儿园发展及儿童教育和保育目标，经由幼儿园教师长期积累而成，并能让每位教师知觉、认同和行动的增益学习的思想观念、价值体系、制度规范。

（二）教师学习文化的研究构面

查阅已有研究资料，以教师学习文化为研究主题的研究成果颇丰。在已有研究成果中，以思辨研究成果居多，而采用量化研究对其进行实证研究的成果极少，目前仅检索到 3 篇研究成果：1 篇期刊论文，陈木金等（2006）《"国民小学"的学校学习文化评鉴指标建构之研究》；1 篇博士学位论文，施佩芳（2010）《"国民小学"校长知识领导、教师学习文化与教师专业发展之研究》；1 篇学术研讨会论文，林新发等（2011）《两岸三地小学校长正向领导、学习文化对学校创新经营效能影响之研究（Ⅱ）——台北市、上海市、香港地区之

---

❶ 吴明烈. 组织学习与学习型学校 [M]. 北京：九州出版社，2006：3.

❷ 陈木金，谢紫菱，邱馨仪. "国民小学"的学校学习文化评鉴指标建构之研究 [J]. 教育行政与评鉴学刊，2006（1）：51–82.

❸ 肖正德. 乡村教师学习文化的问题与重构 [J]. 教育发展研究，2013（4）：43–47.

比较分析》。

通过前述文献梳理及探讨获知，教师学习文化是在学校组织文化架构下，属于学校组织文化的亚文化，因此，研究构面将扩展汇整学校组织文化、学校组织学习及教师学习文化的相关研究。

关于学校组织文化、学校组织学习及教师学习文化的研究构面，研究者们提出了不同的观点，汇整如表2-8所示。

表2-8 学校组织文化/学校组织学习/教师学习文化研究构面汇整

研究者（时间）	研究构面
李瑞娥（2005）	深度对话、团队合作、共享信息价值、个人学习
陈木金等（2006）	重视学习的核心价值、推动学习的知识分享、鼓励学习的合作社群、促进学习的沟通对谈、方便学习的结构管道、强化学习的经营模式
施佩芳（2010）	有利于学习的学校环境、参加多元创新的学习形态、追求终身学习
施宏彦（2010）	共同愿景、领导者支持、沟通对话、信息共享、自我学习
林新发等（2011）	支持信任文化、知识分享文化、学习创新文化
张奕华、颜弘钦（2012）	信息搜集、沟通对话、系统思考、团队学习
林金穗、郑彩凤、吴慧君（2012）	形塑愿景、知识扩移、知识获得、团队学习
江文吉（2012）	价值态度、制度规范、学校气氛、专业学习
薛雅文、赖志峰（2013）	规范与制度、价值与信念、学校气氛、专业与成长
胡铭浚（2015）	建构愿景、支持情境、分享实务、学生成就
郭福豫（2015）	共同支持领导、教学实务分享、合作学习创新、关注学生学习
钟莉娜（2016）	共享价值愿景、共同支持领导、分享实务经验、合作学习创新、反省循环过程、关注学生学习
赖连功（2017）	沟通对话、信息共享、团队学习、系统思考
维里亚等（2017）	协作领导、目的统一、组织支持、教师合作、专业发展、学习伙伴关系

综上可见，研究者对于学校组织文化和组织学习的构面提出了不同的观点，包括三构面（施佩芳，2010；林新发等，2011）、四构面（李瑞娥，2005；江文吉，2012；林金穗等，2012；张奕华、颜弘钦，2012；薛雅文、赖志峰，2013；胡铭浚，2015；郭福豫，2015；赖连功，2017）、五构面（施宏彦，2010）、六构面（陈木金等，2006；钟莉娜，2016；维里亚等，

2017）等。

　　上述不同构面的文字表述虽有不同，经进一步查阅相关研究者提出的不同构面意涵，将意涵接近的构面进行汇整统计。将各构面出现的频次统计汇整如表2-9所示。

表2-9　学校组织文化/学校组织学习/教师学习文化研究构面频次统计表

研究者（时间）	支持信任								资源共享					学习创新											其他
	学校气氛	协作领导	重视学习的核心价值	制度与规范	利于学习的学校环境	领导支持/组织支持	支持情境/信任	伙伴关系	对话/沟通/互动	专业/实务分享	信息共享	团队合作	知识分享	合作社群	知识扩移	专业发展	信息收集	专业成长	知识获得	合作学习/团队学习	专业学习	追求终身学习	个人学习/自我学习	创新学习	
李瑞娥（2005）									√	√	√												√		
陈木金等（2006）		√		√	√				√				√	√											
施佩芳（2010）					√																	√	√		
施宏彦（2010）						√			√		√												√		
林新发等（2011）							√							√									√		
张奕华等（2012）									√									√		√					系统思考
林金穗等（2012）																			√	√	√				形塑愿景
江文吉（2012）	√		√																		√				价值态度

续表

研究者（时间）	支持信任								资源共享						学习创新										其他
	学校气氛	协作领导	重视学习的核心价值	制度与规范	利于学习的学校环境	领导支持／组织支持	支持情境／信任	伙伴关系	对话／沟通／互动	专业／实务分享	信息共享	团队合作	知识分享	合作社群	知识扩移	专业发展	信息收集	专业成长	知识获得	合作学习／团队学习	专业学习	追求终身学习	个人学习／自我学习	创新学习	
薛雅文等（2013）	√		√															√							价值信念
胡铭浚（2015）						√				√															建构愿景学生成就
郭福豫（2015）				√						√										√					学生学习
钟莉娜（2016）				√					√	√										√					学生学习价值愿景
赖连功（2017）									√	√										√					系统思考
维里亚等（2017）		√			√		√				√								√						目的统一
小计	2	1	2	2	2	5	2	1	6	3	3	2	2		1	1	1	1	1	5	1	1	2	2	—
合计	17								16						17										—

　　根据上述研究构面汇整统计结果，考量研究目的及幼儿园教育场域，本研究中的教师学习文化测量构面从"支持信任""资源共享""学习创新"三个方面予以界定。

二、教师学习文化的相关理论

（一）教师专业发展理论

自有人类就有教育，进而言之，自有教育就有教师。但直到 20 世纪 80 年代，教师专业发展才成为人们关注的焦点和当代教育改革的中心主题之一。1980 年 6 月 16 日，《时代周刊》刊发《危机！教师不会教》一文，开启了以提高教师素质，促进教师专业发展为核心的教育改革序幕。教师专业发展是指教师个体专业不断发展的历程，是教师不断接受新知识，增长专业能力的过程；教师要成为一个成熟的专业人员，需要通过不断的学习与探究历程来拓展专业内涵，提高专业水平，从而达到专业成熟的境界。❶

饶见维（2005）指出，教师专业发展意义包括三个方面。一是教师是专业人员。专业的教师不但需要漫长的养成教育，也必须在其教师生涯持续专业发展。二是教师是发展中的个体。任何教师在心智上都有无限发展的空间，需要持续学习、持续成长。三是教师是学习者与研究者。教师必须是一个有效的学习者；教师不应被动补救或被发展，教师应自发地学习与研究，以持续发展与成长。❷

综上可见，教师专业发展理论明确了承担着人类文化传承任务的教师既是学习者也是研究者的职业角色，而从职业伦理层面看，教师若想成为责任良师、专业教师，在其职业生涯中则需要持续专业发展，成为终身学习者，始终处于发展与成长的主客观需求之中。幼儿园为基础教育的起始阶段，幼儿园教师亦为教师群体中的一员，提高学前教育供给侧服务质量，关键在幼儿园教师教保素养。因此，幼儿园如能建构教师学习文化，则能推动及支持幼儿园教师专业发展与成长，进而有效提升幼儿园办园绩效及质量。

（二）组织学习理论

"组织学习"一词最早出现在美国管理学家和社会科学家赫伯特·西蒙于

---

❶ 教育部师范教育司. 教师专业化的理论与实践［M］. 北京：人民教育出版社，2004.

❷ 饶见维. 教师专业发展——理论与实务［M］. 台北：五南图书出版有限公司，2005.

1953 年发表于《公共行政评论》期刊的《组织的诞生》一文。其强调组织重组与发展的过程，即学习的过程；将组织学习的概念与理论具体应用到学校组织情境中，是 20 世纪 90 年代之后的事。❶

当代管理理论大师、组织行为学创始人、组织学习理论领域最具影响力的代表人物克里斯·阿吉里斯和唐纳德·舍恩在其合著的《组织学习Ⅱ：理论、方法与实践》中提出，组织一向被看成人际互动的行为环境、发挥影响力的舞台、约束个体行为的制度化激励系统或者个体参与象征性互动的社会文化环境。不管组织以什么方法获得何种信息（知识、认识、技能、技巧或惯例），我们都可以认为组织在学习。在广义上，每当组织的信息储备增长时，不论这种增长是怎样发生的，也不论结果好坏，组织都在学习。组织学习的总框架包括：学习产物（信息内容）；获得、处理和储存信息的学习过程；实行学习过程的学习者。同时，阿吉里斯在书中还介绍了有效组织学习的方法有单环学习和双环学习：单环学习是指特定的工具性学习，它可以改变行动策略或其潜在假定，但不改变行动理论的价值观；双环学习是指让使用理论的价值观及其策略和假定都发生改变的学习。学习领导者的职责就是帮助组织成员达到某种程度的领悟，产生改变的动力，从而促进这种改变。❷ 从组织学习的存在形式和层次来看，包括个人学习、团队学习、全组织的学习和组织间的学习。❸ 组织学习与组织中的个人学习具有相依互存关系，即组织中的个人学习可以促进组织群体学习氛围形成，组织学习氛围也有利于组织中个人心智模式的建构，进而带动组织整体的发展。因此，组织学习既是组织也是组织中的个人不断创新、获得核心竞争力和可持续发展的关键。

学校组织是传承人类文化的重要组织机构，是知识文化高度密集的组织，学校教师是人类科学文化的代表群体。就学校组织而言，组织学习同样是提升学校服务品质和办学竞争力的有效路径。在此过程中，学校组织中的教师通过各种组织学习的方式，不断积累个人教育教学经验。教书育人历来是教师的天职，做责任良师，不仅需要教师个人具有终身学习的意识、理念和学习行为，也需要通过组织内合作、互动、支持与分享等学习行为，形塑组织学习文化。

---

❶ 吴明烈. 组织学习与学习型学校［M］. 北京：九州出版社，2006：2.

❷ ［美］克里斯·阿吉里斯，唐纳德·舍恩著，姜文波译. 组织学习Ⅱ：理论、方法与实践［M］. 北京：中国人民大学出版社，2011.

❸ 黄健. 造就组织学习力［M］. 上海：上海三联书店，2003：22.

因此，本研究对教师学习文化的探讨依循组织学习理论建构出支持信任、资源共享、学习创新三大研究构面。

（三）学习型组织理论

1990 年，美国麻省理工学院斯隆管理学院教授、管理学家彼得·圣吉出版《第五项修炼：学习型组织的艺术与实务》一书，带动了全球对于学习型组织研究的风潮，被誉为"21 世纪的管理圣经"。

圣吉认为，学习型组织是可能的，因为每个人都是天生的学习者。透过学习，可以重新创造自我，重新认知这个世界及我们和它的关系，以及扩展创造未来的能量，这就是学习型组织的真谛。对这样的组织而言，单是适应与生存是不能满足它的，必须与开创性的学习结合起来，才能让大家在组织内由工作中活出生命的意义。在如何建构学习型组织的实践方面，圣吉指出了学习型组织的七项学习障碍：一是只专注自身职务的局限思考；二是归罪于外的片段思考方式；三是缺乏整体思考的主动积极方法与工具；四是专注于个别事件与短期事件；五是无法察觉构成最大威胁的渐进过程；六是笃信从经验学习的错觉；七是管理团队把时间花在维持组织团结的和谐外貌。圣吉针对前述学习型组织存在的七大学习障碍提出了著名的五项修炼：学习不断理清并加深个人的真正愿望，集中精力，培养耐心，并客观地观察现实的"自我超越"修炼；影响我们了解世界，以及采取行动的"心智模式"修炼；将组织成员个人的愿景整合为"共同愿景"修炼；所有成员深度对话的"团队学习"修炼；帮助我们更清楚地看见复杂事件背后运作的简单结构的"系统思考"修炼。❶

综上可见，学习型组织是在不断的持续性学习中得以转化与升华的组织，其学习行为包括组织成员个人的学习和组织的学习，尤其重视组织的团队学习、共同价值，进而带来成员知能与行为的改变，最终使组织具有蓬勃生机。学校场域承担着传递人类文明成果、为现代社会培养人才的重任，其本身即是以学习活动为主的社会组织机构，教师则是学校组织中的重要群体。因此，本研究以学习型组织理论为逻辑起点，形塑幼儿园组织成为学习型组织，建构以终身学习为己任的教师学习文化。

---

❶ ［美］彼得·圣吉著，郭进隆译. 第五项修炼：学习型组织的艺术与实务［M］. 上海：上海三联书店，1998.

（四）知能创价说

我国台湾地区学者郑崇趁（2018）将"知能创价说"作为核心素养的绩效意涵提出。"知能创价说"是指教育的主要目的在借由教师对学生的教学，汇聚师生的知识资源及能力资源，融合创新的生命价值及教育的价值；其操作型定义聚焦在四大教学核心技术的掌握，包括"知识学习""知能融合""知能创价""智慧创客"。"知能创价"所创新的绩效价值包括四个层次：一是创新自己的生命价值；二是创新作品的教育价值；三是创新教师教学的教育价值；四是创新行为表现教育价值。教育用"知识"结合"能力"创新"人"，创新"知识"也创新"教育"，赋予三者全新的价值，即为"知能创价"。❶

教师在教育教学中承担着教育者的角色，肩负着传递人类文明的重大责任，而其在教育教学中并非简单重复或宣读前人的思想成果，既需要对教育内容、也需要对教育方法进行再加工，同时还需要持续思考受教育者的学习行为，创造性地在教育教学中传递学科知能，此为教师教学行为的本质。知能创价说给予教育者的启示在于，教师如若创新"人"，创新"知识"，创新"教育行为与价值"，则需具有创新知识学习的意识，善于以自身的学习行为不断提升"知识"与"能力"。因此，幼儿园构建教师学习文化，可以较好地促进教师知能精进与创价，实现园所组织的保教目标。

三、教师学习文化的测量及问卷

检视已有研究成果中对教师学习文化的测量，相关成果极少，教师学习文化是具有学习特质的组织文化，而组织文化的缔造又离不开组织学习行为。因此，本研究教师学习文化的测量及问卷借鉴学校场域内组织学习和教师学习文化的相关研究，分述如下。

李瑞娥（2004）在其博士学位论文《"国民学校"终身学习文化、组织学习、组织创新与学校效能关系之研究——学习型学校模型之建构》中以我国台湾地区1200名小学教师为研究对象，采用问卷调查法和自编的组织学习问

---

❶ 郑崇趁. 教育4.0——新五伦·智慧创客学校［M］. 新北：心理出版社，2018.

卷进行研究。该研究中"组织学习问卷"包括"个人学习""共享信息价值""团队合作""深度对话"四个构面，共计22个题项。❶

陈木金等（2006）在《"国民小学"的学校学习文化评鉴指标建构之研究》中采用问卷调查法、里克特六点量表，以分层随机抽样方法抽取我国台湾地区台北市公立小学669人为研究对象，有效回收问卷502份。该研究中"教师学习文化问卷"包括"重视学习的核心价值""推动学习的知识分享""鼓励学习的合作社群""促进学习的沟通对谈""方便学习的结构管道""强化学习的经营模式"六个构面，共计33个题项。❷

施佩芳（2010）在其博士学位论文《"国民小学"校长知识领导、教师学习文化与教师专业发展之研究》中采用问卷调查法探讨小学校长知识领导、教师学习文化与教师专业发展三者间的关系。以里克特五点量表分层随机抽样，抽取我国台湾地区公立小学1065位教师为研究对象。该研究中"教师学习文化问卷"包括"有利于学习的学校环境""参加多元创新的学习形态""追求终身学习"三个构面，共计15个题项。❸

林新发等（2011）在《两岸三地小学校长正向领导、学习文化对学校创新经营效能影响之研究（Ⅱ）——台北市、上海市、香港地区之比较分析》中采用问卷调查法，以多阶段抽样方式，对三个地区小学现职校长、主任、组长及教师进行调查。"小学教师学习文化调查问卷"采用里克特六点量表，有效回收2035份问卷。该研究中"学习文化问卷"包括"知识分享文化""学习创新文化""支持信任文化"三个构面，共计14个题项。❹

将上述问卷的信效度情况，汇整如表2-10所示。

❶ 李瑞娥."国民学校"终身学习文化、组织学习、组织创新与学校效能关系之研究——学习型学校模型之建构［D］. 高雄：高雄师范大学，2004.

❷ 陈木金，谢紫菱，邱馨仪. 小学的学校学习文化评鉴指标建构之研究［J］. 教育行政与评鉴学刊，2006（1）：51-82.

❸ 施佩芳."国民小学"校长知识领导、教师学习文化与教师专业发展之研究［D］. 嘉义：中正大学，2010.

❹ 林新发，王秀玲，仲秀莲，钟云英，黄秋銮，林佳芬，颜如芳. 两岸三地小学校长正向领导、学习文化对学校创新经营效能影响之研究（Ⅱ）——台北市、上海市、香港地区之比较分析［Z］. 华中师范大学中外教育交流国际学术研讨会，2011.

表 2 - 10　教师学习文化测量问卷信效度情况汇整

研究者 （时间）	研究题目	相关 问卷	问卷构面	各构面 克隆巴赫 系数	问卷 克隆巴赫 系数	累积解释 变异量
李瑞娥 （2004）	"国民学校"终身学习文化、组织学习、组织创新与学校效能关系之研究——学习型学校模型之建构	组织学习问卷	个人学习	0.88	0.95	68.75%
			共享信息价值	0.94		
			团队合作	0.82		
			深度对话	0.87		
陈木金等 （2006）	"国民小学"的学校学习文化评鉴指标建构之研究	学校学习文化问卷	核心价值	0.90	0.96	—
			知识分享	0.90		
			合作社群	0.86		
			沟通对谈	0.92		
			结构管道	0.88		
			经营模式	0.84		
施佩芳 （2010）	"国民小学"校长知识领导、教师学习文化与教师专业发展之研究	教师学习文化问卷	有利于学习的学校环境	0.84	0.92	63.21%
			参加多元创新的学习形态	0.84		
			追求终身学习	0.84		
林新发等 （2011）	两岸三地小学校长正向领导、学习文化对学校创新经营效能影响之研究（Ⅱ）——台北市、上海市、香港地区之比较研究	小学教师学习文化问卷	知识分享文化	0.91	0.94	72.41%
			学习创新文化	0.89		
			支持信任文化	0.84		

"—"表示未汇报。

　　综上可见，上述研究中测量工具的信效度检测均呈现良好，而且，与本研究教师学习文化构面意义相类似。因此，本研究中教师学习文化问卷主要参阅上述问卷成果，并评估幼儿园教育场域实况，自行编制教师学习文化问卷，作为本研究的测量工具。

第三节 教师专业承诺的意涵、理论与测量的研究

教师是教育实践活动场域中最重要的人的因素，也是人一生学习生涯中接触最频繁，对学习和发展影响最深远的人。幼儿园教师作为教师群体中的一员，不仅肩负着教育和保育的双重任务，同时也是幼儿园组织文化建设、组织绩效的重要力量。幼儿园园长能否形成园所的组织凝聚力，促使幼儿园教师对自身专业具有高度的认同与承诺，既关系着整个幼儿园的未来发展，也关系着每一个幼儿的健康成长。本节分别针对教师专业承诺的意涵、教师专业承诺的构面、教师专业承诺的相关理论和教师专业承诺的测量及问卷的相关研究进行探讨、汇整和分析。

一、教师专业承诺的意涵

（一）教师专业承诺的内涵

教师专业承诺由"专业"和"承诺"两个核心词汇组成。

关于"专业"的内涵。《现代汉语词典》（第 7 版）中对"专业"的部分解释为：专门从事某种工作或职业的；具有专业水平和知识。"专业"对应的英语词汇为"profession"，韦氏在线字典将"profession"解释为："a type of job that requires special education, training, or skill""the people who work in a particular profession"，即指一种需要特殊教育、培训或技能的工作或在某一特定专业中工作的人。而"profession"一词在《牛津高阶英汉双解词典》（第四版增补本）中解释为：专业，尤指须受高深教育及专业训练者。

克尔等（1977）认为，professionalism 为一个多维度的结构，有五个态度维度：专业自主的渴望、对专业的承诺、对专业的认同、专业伦理和维护同行专业人员标准的信念。❶

---

❶ 转引自 Senat, T. C.. How Management Training Relates to Newspaper Editors' Professional Commitment [J]. Paper presented at the Annual Meeting of the Association for Education in Journalism and Mass Communication, 1992: 5 - 8.

关于"承诺"的内涵。《现代汉语词典》（第7版）中对"承诺"的解释为：对某项事物答应照办。"承诺"对应的英语词汇为"commitment"，韦氏在线字典将"commitment"解释为：a promise to do or give something, a promise to be loyal to someone or something, the attitude of someone who works very hard to do or support something, 即指做某事或给予某物的承诺、对某人或某物忠诚的承诺、努力工作或支持某事的态度。而"commitment"一词在《牛津高阶英汉双解词典》（第四版增补本）中的解释为：承诺、允诺、保证、承担；致力献身于某事物。

1960年，美国社会学家霍华德·贝克尔在《美国社会期刊》发表的《承诺概念摘要》一文中最早使用了"承诺"这一词汇。贝克尔认为，承诺乃是从事一致性活动之倾向，它是一种附属利益累积之成果，如果活动中断，则这些附属投资，如时间、心血、金钱等将丧失，变得毫无价值。❶

连榕等（2005）认为：承诺指的是个体对某一特定对象有着积极的认同感，愿意承担角色应负的职责，履行角色应尽的义务，既是一种内在的心理状态，又可以由外在行为表现出来。❷

对于承诺的研究，既出现过不同因素的观点：以贝克尔、布坎南、波特和威纳为代表的"情感态度"单因素论；以梅耶和阿兰为代表的"继续承诺""情感承诺""规范承诺"三因素论；以布劳为代表的"情感承诺""规范承诺""机会承诺""代价承诺"四因素论。同时，也出现基于不同承诺对象的研究，如对"组织承诺""职业承诺""专业承诺"的研究。而龙立荣等（2000）提出：为了区别于一般的职业承诺，在研究专业化程度比较高的职业时常用"专业承诺"，即"professional commitment"。❸

教师职业是具有专业属性的职业已成为教育界的共识。《中华人民共和国教师法》（1993）第一章总则第3条即明确规定：教师是履行教育教学职责的专业人员，承担教书育人、培养社会主义事业建设者和接班人、提高民族素质的使命。

---

❶ 转引自范炽文. 教师组织承诺：概念、发展、类别及其启示 [J]. 学校行政, 2007, 50 (7): 128 – 144.

❷ 连榕, 杨丽娴, 吴兰花. 大学生的专业承诺、学习倦怠的关系与量表编制 [J]. 心理学报, 2005, 37 (5): 632 – 636.

❸ 龙立荣, 方俐洛, 凌文辁, 李晔. 职业承诺的理论与测量 [J]. 心理学动态, 2000, 8 (4): 39 – 45.

杰莱普（2000）也曾提出教师承诺包括四个领域：一是对学校的承诺，教师强烈渴望成为学校的一员，坚持学校的目标和价值观，并通过各种努力来表达这些目标和价值观；二是对教学工作的承诺，教师在教学工作中的强烈愿望与满足，在日常生活中，不断提高自己的教学实践能力，造福于学生，并为自己的学校感到骄傲，这种承诺属于身心的联结；三是对教师专业的承诺，是关于教师对教学专业的思维方式、道德，有效和高效地完成任务所需的技能，以及推动职业生涯发展的动力；四是对团队的承诺，对团队伙伴有强烈的归属感。❶

结合研究目的，本研究所探讨的承诺为上述不同承诺形式中有关专业的承诺。对于"专业承诺"的内涵，不同研究者提出了不同的观点，分述如下。

布劳（1988）指出，专业承诺是个人对专业所持态度，是构成专业的核心价值。泰勒（1988）认为，专业承诺应包含专业角色、专业关系、规章或规范三个层面，认同、积极投入、归属、规范、专业角色内化、专业关系六项因素。❷

刘春荣（1996）认为，专业承诺是一种经由信念而产生的态度，包括对专业的认同、积极投入、对专业的关注并愿意继续在这一行业工作的内在倾向。❸

龙立荣等（2000）认为，专业承诺是指由于个人对专业的认同和情感依赖对专业的投入和对社会规范的内化而导致的不愿变更专业的程度。❹

索伦森与麦基姆（2014）认为，专业承诺指个人对其专业的认同和重视程度。❺

巴苏（2016）认为，专业承诺可以被描述为一个人对其所选职业价值的信仰和接受，以及在该职业中维持自己的意愿；专业承诺是一个人在多大程度

❶ 转引自 Kean, T. H., Kannan, S., & Piaw, C. Y.. The Effect of School Bureaucracy on the Relationship between Principals' Leadership Practices and Teacher Commitment in Malaysia Secondary Schools [J]. Malaysian Online Journal of Educational Sciences, 2017, 5（1）: 37–55.

❷ 转引自刘春荣. 师资培育与教师专业承诺研究 [J]. 教育资料集刊, 1996, 22: 85–95.

❸ 刘春荣. 师资培育与教师专业承诺研究 [J]. 教育资料集刊, 1996, 22: 85–95.

❹ 龙立荣, 方俐洛, 凌文辁, 李晔. 职业承诺的理论与测量 [J]. 心理学动态, 2000, 8（4）: 39–45.

❺ Sorensen, T. J. & McKim, A. J.. Perceived Work–Life Balance Ability, Job Satisfaction, and Professional Commitment among Agriculture Teachers [J]. Journal of Agricultural Education, 2014, 55（4）: 116–132.

上致力于自己的专业，包括奉献精神和社会责任感。❶

李等（2017）认为，专业承诺被认为是一个人在工作领域中与他/她的专业素质有关的工作态度变量或认同。❷

吉尔与考尔（2017）提出，专业承诺是一个多维度的结构，它指的是个人与团体或组织目标和价值观，以及与职业或专业的社会心理联系。专业承诺表明：对专业目标和价值观的信念和接受；愿意为行业提供相当大的努力；明确希望保持这个行业的会员资格。❸

综上，专业承诺主要从以下几方面加以理解：

1. 专业承诺是个体对专业的情感态度。

2. 专业承诺是个体对专业的投入行为。

3. 专业承诺是个体对专业规范与伦理的维护。

4. 专业承诺是个体对专业价值的认同。

5. 专业承诺是个体持续该专业身份的意愿。

兼采教师职业场域实境及教师职业的专业性及承诺的内涵界定，教师专业承诺的定义可汇整如表2-11所示。

表2-11 教师专业承诺定义

研究者（时间）	教师专业承诺定义
黄国隆（1986）❶	教师专业承诺为教师献身教育专业的意愿及对教育专业的认同感，包含对教育专业的正面评价、为教育专业努力奉献的意愿及留业倾向三个向度
李新乡（1993）❺	教师专业承诺是教师对教育专业工作之专业规范、信条、伦理和价值的认同与投入的心理作用力，它具有承诺的心理特质

❶ Basu, S.. Professional Commitment and Job Satisfaction among Secondary School Teachers [J]. Educational Quest: An Int. J. of Education and Applied Social Sciences, 2016, 7 (3): 255－259.

❷ Lee, H. M., Chou, M. J., Chin, C. H., & Wu, H. T.. Professional Commitment of Preschool Teachers: The Moderating Role of Working Years [J]. Universal Journal of Educational Research, 2017, 5 (5): 891－900.

❸ Gill, S. P. K. & Kaur, H.. A Study of Professional Commitment among Senior Secondary School Teachers [J]. International Journal of Advanced Education and Research, 2017, 2 (4): 253－257.

❶ 黄国隆. 中学教师组织承诺与专业承诺 [J]. 政治大学学报, 1986, 53: 55－83.

❺ 李新乡. "国小"教师教育专业承诺及其相关因素之研究 [D]. 台北: 政治大学, 1993.

续表

研究者（时间）	教师专业承诺定义
刘春荣 (1996)❶	教育专业承诺和教育专业精神有相同的意义，与教学承诺也有着相似的内涵。教师认同于教育专业的价值与教育专业规范和信条，愿意为教育专业努力，全心投入的一种态度或行动倾向
刘福镕、 林清文 (2007)❷	教师专业承诺是教师对其所从事之教育专业的承诺，亦即教师认同教育专业价值与规范，愿意为教育专业而积极努力，且具有恒久投入的态度或行动倾向
涂淳益、 简名卉、 叶霖蓉 (2010)❸	教师认同专业的教育理念，以提升学生学习成就为目标，不断参与专业成长，促进课程改革与教学改进，在教学工作上拥有专业自主权，且能恪守专业伦理，承诺愿意无条件为学校教育贡献心力，以期自我实现的自我承诺
黄建翔、 吴清山 (2013)❶	教师专业承诺是指教师能认同自己的教育理念，遵守专业信念，发挥专业知能，并能积极参与及投入热忱，继续留职工作，为教育奉献心力，进而达到自我实现
范炽文、 陈靖娥 (2014)❺	教师能认同教育是一种专业，愿意自发性地参与专业成长，充实专业知能，以提升学生教育成就为目标，建立专业自主的形象，致力于课程改革与教学改进，并能恪守专业伦理，愿意以教育工作为终身志业
夏尔马 (2017)❻	专业承诺即教师为履行其对学习者和知识的主要义务所做的努力
林易萱、 龚心怡 (2017)❼	教师的专业承诺是对学校各项教育活动都愿意积极投入参与，并持续充实自己的专业知能，以创造有利的学习环境帮助学生学习

❶　刘春荣. 师资培育与教师专业承诺研究［J］. 教育资料集刊, 1996, 22：85 - 95.
❷　刘福镕, 林清文. 高中职辅导教师专业承诺量表编制报告［J］. 谘商辅导学报, 2007 (17)：65 - 96.
❸　涂淳益, 简名卉, 叶霖蓉. 屏东县"国民小学"校长转型课程领导与教师专业承诺关系之研究［J］. 学校行政, 2010, 68：192 - 207.
❶　黄建翔, 吴清山. "国民中学"教师专业发展、专业承诺与教学效能关系之研究——以 TEPS 数据库为例［J］. 师资培育与教师专业发展期刊, 2013, 6 (2)：117 - 140.
❺　范炽文, 陈靖娥. "国小"校长故事领导与教师专业承诺关系之研究［J］. 市北教育学刊, 2014, 6 (2)：111 - 133.
❻　Sharma, S.. Comparison of Professional Commitment of Teacher Educator of Panjab University Affiliated College on the basis of Caste Category［J］. Online International Interdisciplinary Research Journal, 2017, 7 (1)：103 - 107.
❼　林易萱, 龚心怡. 教师信念、专业承诺与班级经营效能比较之研究——以"国高"中新手与资深教师为例［J］. 师资培育与教师专业发展期刊, 2017, 10 (2)：111 - 138.

综合上述有关专业承诺与教师专业承诺的文献研究资料，本研究认为教师专业承诺的意涵应该从情感、规范与行为三个层面加以诠释。本研究以幼儿园为研究场域，因此，将教师专业承诺定义为：教师热爱学前教育事业，认同学前教育工作的目标与价值，愿意履行专业规范，乐于融入幼儿园组织机构，能够以高度的热情和态度投入学前教育工作，主动研习并追求专业成长，提升教育和保育效能，并且愿意以幼儿园教师工作为职志的态度或行为倾向。

（二）教师专业承诺的研究构面

查阅已有研究成果，以"专业承诺"为主题的研究成果颇丰。进一步检索发现，大陆研究成果主要集中在对大学生群体专业承诺的研究，对已入职专业群体的专业承诺研究则较少。我国台湾地区针对教师群体专业承诺研究主题的成果相对较多，而且其研究对象基本涵盖了学前教育、小学教育、中学教育、高等教育等不同学段的教师群体。其中，以幼儿园教师专业承诺为研究主题的成果共检索到6篇硕士学位论文和1篇博士学位论文。幼儿园阶段和小学阶段的教育都属于基础教育范畴，因此，本研究中教师专业承诺的研究构面汇整以幼儿园教师专业承诺为主，同时扩展汇整小学教师专业承诺的相关研究。

关于教师专业承诺的构面，研究者提出了不同的观点，包含了以下不同的研究构面（见表2-12）。

表2-12 教师专业承诺研究构面汇整

研究者（时间）	研究构面				
周新富（1991）	专业认同	工作投入	专业训练	专业责任	内在满意
李新乡（1993）	专业认同	乐业投入	研究进修	专业信念	专业伦理 专业关系
刘春荣（1996）	专业认同	乐业投入	研究进修专业关系	专业信念	专业伦理
范庆钟（2011）	组织承诺	敬业投入	专业发展	留职意愿	
陈美缓（2012）	专业认同	工作投入	专业成长	留业意愿	
黄建翔、吴清山（2013）	专业认同	敬业投入	任职意愿		
萧慧君（2013）	专业认同	工作投入	研究进修	留业意愿	
范炽文、陈靖娥（2014）	专业认同	乐业投入	专业成长	专业伦理	
萧慧君、张美云（2014）	专业认同	工作投入	研究进修	留业意愿	
张斐莉（2015）	专业认同	工作投入	研究进修	留业意愿	
罗逸珊、钟才元、陈明终（2017）	专业认同	专业投入	留职意向		

综上可见，研究者们对于教师专业承诺的研究构面提出了不同的观点，这些观点包括三构面（黄建翔、吴清山，2013；罗逸珊等，2017）、四构面（范庆钟，2011；陈美缓，2012；萧慧君，2013；萧慧君、张美云，2014；范炽文、陈靖娥，2014；张斐莉，2015）、五构面（周新富，1991）、六构面（李新乡，1993；刘春荣，1996）。

　　通过查阅和研读各位研究者提出的不同表述的构面意涵，将意涵接近的构面汇整，各研究构面出现的频次统计见表2－13。

表2－13　教师专业承诺研究构面频次统计

研究者（时间）	专业认同	乐业投入				专业成长				留业意愿			专业伦理		其他
		工作投入	专业投入	乐业投入	敬业投入	专业成长	研究进修	专业训练	专业发展	留职意向	留业意愿	留职意愿	专业伦理	专业责任	
周新富（1991）	√	√						√						√	内在满意
李新乡（1993）	√			√				√						√	专业关系 专业信念
刘春荣（1996）	√			√				√						√	专业关系 专业信念
范庆钟（2011）					√			√			√				组织承诺
陈美缓（2012）	√	√				√					√				
黄建翔、吴清山（2013）	√				√						√				
萧慧君（2013）	√	√						√							
范炽文、陈靖娥（2014）	√			√		√							√		
萧慧君、张美云（2014）	√	√						√			√				

续表

研究者（时间）	专业认同	乐业投入				专业成长				留业意愿			专业伦理		其他
		工作投入	专业投入	乐业投入	敬业投入	专业成长	研究进修	专业训练	专业发展	留职意向	留业意愿	留职意愿	专业伦理	专业责任	
张斐莉（2015）	√	√					√				√				
罗逸珊等（2017）	√		√							√					
小计	10	5	1	3	2	2	5	1	1	1	4	2	3	1	—
合计	10	11				9				7			4		—

根据上述有关教师专业承诺研究构面的汇整统计结果可以看出，研究者比较一致的观点为专业认同、乐业投入、专业成长、留业意愿、专业伦理五个构面。因而本研究归纳教师专业承诺构面有 5 个：专业认同、乐业投入、专业成长、留业意愿、专业伦理。这 5 个构面基本涵盖了教师职业的专业属性和承诺的本质意涵。

二、教师专业承诺的相关理论

（一）社会交换理论

社会交换理论最初由美国社会学家乔治·霍曼斯于 20 世纪 50 年代末期提出，该理论主要以霍曼斯、布劳以及爱默生等人为代表。

1950 年，霍曼斯发表了《人类群体》一书，从可观察的外显行为出发，对小群体的内部结构和系统功能做了描述性分析；活动、互动和情感是霍曼斯分析小群体行为结构的基本概念。其中，活动是指在具体的检验方面的实际行为，互动是指发出刺激或接受刺激而发生的活动，情感是指某种内部状态的外部显现或行为符号。而在其另一部著作《人类行为的基本形式》（1960）一书中，霍曼斯引入了古典经济学的成本和报酬概念来解释社会交换形式；成本是指人们在社会交换行为中为获得某种利益，或为实现某种目的而预先作出的支付；报酬是付出一定成本之后得到的回报。❶ 任何人际关系，其本质上就是互动和交换的活动关系，只有这种交换过程达到互惠平衡时，人际关系才能和谐并得以维持。

根据社会交换理论的观点，幼儿园教师与其教保工作之间同样属于一种彼此交互的活动过程，如果在此互动交换过程中，幼儿园教师能够全身心投入教保工作，幼儿园工作也能满足其生活及专业成长所需和所求，即达到上述社会交换理论所指的互惠平衡时，双方关系则能够处于和谐状态并得以维持和延续，在此期间教师也能提高其专业承诺的强度。

（二）期望理论

美国心理学家和行为科学家维克托·弗鲁姆于 1964 年出版《工作与激励》一书，提出了期望理论。

期望理论认为：当人们有需要，又有达到目标的可能时，其积极性才能高，激励水平取决于期望值和效价的乘积。期望值是指人们对自己的行为能否导致所想得到的工作绩效和目标（奖励）的主观概率，即主观对达到目标、得到奖酬的可能性大小的估计；效价是指人们对某一目标满足个人需要的价值，即对目标意义的估价；由于每个人的需要不同，同一目标在不同人的心目中价值不一定相同。❷ 期望理论说明，期望值与效价的乘积决定了人的积极性强弱程度。一个人对目标估价越高，认为达到目标的概率越大，积极性就越大，动力就会越强。

依据期望理论的观点，领导者意欲激励员工努力工作以实现组织目标，需要设定合理的目标和合适的环境及各项制度，提升员工对工作价值的认同，并对工作绩效和满足产生高期望值，充满信心。幼儿园教师专业承诺也应该从期望理论出发，在幼儿园工作场域中，透过教师评估是否能够获得预估的工作奖酬与满足的程度从而有效提升其专业承诺。

（三）自我认同理论

心理学意义上的"认同"一词最早由奥地利心理学家西格蒙德·弗洛伊德

❶ 刘少杰. 现代西方社会学理论 [M]. 长春：吉林大学出版社，1998：187 – 188，192.
❷ 丁晓红. 管理心理学理论与实践 [M]. 上海：同济大学出版社，2000：173 – 174.

提出。弗洛伊德认为："认同"是个人或群体在感情上、心理上趋同的过程；埃里克森在弗洛伊德"认同"概念的基础上提出了"自我同一性"的概念。❶

英国社会学家安东尼·吉登斯在其著作《现代性与自我认同》中提出了自我认同理论。吉登斯认为：自我认同必须透过自我的反思性或反思性的自我得到理解，是个体依据个人的经历反思性地理解到的自我；自我认同是建立在人与人之间信任的基础之上。❷吉登斯也指出：在现代社会，信任在高度现代性的社会里更多地体现为一种持续状态，是在面对象征符号和专家系统时，对自己无所知晓的运作规则有充分的信心，确信这些抽象规则本身是正确的、可以依赖的；对体系的信任具有非对面承诺的形式。❸

教育教学工作要求教师既要做好备课也要做好课后的反思，反思是教师工作的内在要求，教师作为人类文明和社会文化的传播者，其深厚的文化背景也赋予教师广博的反思底蕴和主动反思的意识。依据自我认同的观点，幼儿园教师能够通过实践反思，信任并认同专业角色与价值规范，进而表现出较高的专业承诺，会带来积极的职业态度与良师行为，亦有助于提升幼儿园服务质量与绩效。

（四）自我实现理论

自我实现理论源于需要层次理论。我国台湾地区学者郑崇趁（2013）认为，自我实现就是自我的理想与目前的实际吻合；广义的自我实现包括学校经营参与者（尤其是干部和教师职工）的自我实现，教师的生命愿景在学校中实践。具体而言，自我实现理论强调以下几方面内涵：一是赋予生命价值，建构生命愿景；二是不忘教育初心，乐在教学与学习；三是实践教育志业，顺性扬才，迈向普遍卓越；四是建构教育核心价值，整合人与组织的自我实现。❹

由上可知，依据自我实现理论的观点，幼儿园教师的自我理想、教育职志与幼儿园发展与工作实务相一致，且能够寓自我实现于组织目标实现中，在实践中乐教善学，精进专业知能，增进自我价值感与满足感，充满专业自信与自觉，则可以提升自身专业承诺的表现。

---

❶ 乐国安，汪新建. 社会心理学新编 [M]. 天津：天津人民出版社，2009：201.

❷ 转引自庞文，孙影娟，奚海燕. 西方社会学理论概要 [M]. 哈尔滨：东北林业大学出版社，2011：276.

❸ 刘少杰，胡晓红. 当代国外社会学理论 [M]. 北京：中国人民大学出版社，2009：241-242.

❹ 郑崇趁. 校长学 [M]. 新北：心理出版社，2013.

三、教师专业承诺的测量及问卷

（一）泰勒提出的专业承诺模型

美国管理学家泰勒（1988）认为专业承诺包括"专业角色""专业关系""规章或规范"三个层面，认同、积极投入、归属、规章、专业角色、专业关系六项内容；即经由专业教育、组织社会化、专业历程历练，不同背景变量的个体，表现为三层面、六因素内涵的专业承诺。❶泰勒的专业承诺模型如图2-4所示。

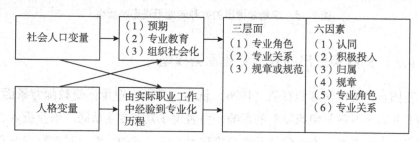

图2-4 泰勒提出的专业承诺模型

（二）李新乡提出的教师专业承诺模型

我国台湾地区学者李新乡（1993）在其博士学位论文《"国小"教师教育专业承诺及其相关因素之研究》中以"专业认同""乐业投入""研究进修""专业关系""专业信念""专业伦理"六个维度界定并构建了教育专业承诺模型。该文以我国台湾地区72所小学1503位教师为研究对象，探讨小学教师的社会人口变量、人格因素、学校文化知觉、教育专业经验与教育专业承诺之间的关系。李新乡提出的专业承诺模型如图2-5所示。

李新乡（1993）认为：自尊、教师角色认同显著性、学校文化一致性知觉、学校文化差距知觉、专业工作知觉、留业归因等变量与教育专业承诺变量之间具有显著相关，并能够据以有效预测教育专业承诺。❷

---

❶ 转引自刘春荣. 师资培育与教师专业承诺研究 [J]. 教育资料集刊，1996，22：85-95.
❷ 李新乡. "国小"教师教育专业承诺及其相关因素之研究 [D]. 台北：政治大学，1993.

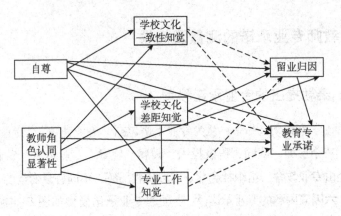

图 2 – 5　李新乡提出的教师专业承诺影响模型

(三) 刘春荣提出的教师专业承诺模型

我国台湾地区学者刘春荣（1996）认为，教师专业承诺受教师背景因素、教师专业自主及教师组织需求的影响，而表现在教育专业认同、乐业投入、研究进修、专业关系、专业信念及专业伦理等方面。其中，教师对教育专业自主的知觉及其对教师组织发挥功能的需求有相当程度的关联。如以教师背景因素为基础，教师本身的特质及环境的条件影响教师在教师专业自主的知觉；这种知觉配合着教师对教师组织的期待，而产生教师专业承诺。❶刘春荣提出的教师专业承诺模型如图 2 – 6 所示。

图 2 – 6　刘春荣提出的教师专业承诺模型

由上述几位研究者构建的教师专业承诺模型获知：

1. 专业承诺的影响因素方面。从影响因素角度，教师专业承诺受到教师个人层面、学校组织、学校文化多种因素的复合影响，教师专业 承诺与上述

---

❶ 刘春荣. 师资培育与教师专业承诺研究 [J]. 教育资料集刊, 1996, 22：85 – 95.

因素之间具有相关关系。因此，本研究幼儿园教师专业承诺也应从幼儿园教师个人及幼儿园组织因素层面加以探讨。

2. 专业承诺的意涵结构方面。从意涵结构角度，泰勒提出了三构面模型，李新乡和刘春荣提出了六构面模型，可见，教师专业承诺为多构面变量，而非单一构面变量。因此，本研究幼儿园教师专业承诺也应从多构面展开研究。

（四）教师专业承诺的测量及问卷

结合本研究的研究目的，对教师专业承诺的测量分述如下。

杨豪森（2008）在其博士学位论文《综合高中校长课程领导、教师专业承诺与教师教学效能关系之研究》中采用分层随机抽样方式，探讨综合高中校长课程领导、教师专业承诺与教师教学效能的关系。该研究中"教师专业承诺量表"包括"乐业投入""专业伦理""留业倾向""专业认同"4个构面，共计21个题项。❶

范庆钟（2011）在其博士学位论文《"国民小学"校长多元架构领导、学校组织健康、教师专业承诺与学校效能关系之研究》中采用分区分层便利抽样方式，选取我国台湾地区152所小学1600位教师为施测对象。该研究中"教师专业承诺量表"包括"留职意愿""敬业投入""专业发展""组织承诺"4个构面，共计20个题项。❷

萧慧君（2013）在其硕士学位论文《学前融合教育教师专业承诺与教学效能之研究》中以我国台湾地区台中市公私立幼儿园教师为研究对象，分层随机抽取600位教师进行问卷调查。该研究中"学前教师专业承诺问卷"包括"专业认同""工作投入""研究进修""留业意愿"4个构面，共计20个题项。❸

张斐莉（2015）在其硕士学位论文《桃园市幼儿园园长道德领导与教师专业承诺关系之研究》中分析园长道德领导与教师专业承诺间的关系，采用里克特四点量表分层比例随机抽样，共抽出我国台湾地区153所幼儿园进行问

❶　杨豪森. 综合高中校长课程领导、教师专业承诺与教师教学效能关系之研究［D］. 彰化：彰化师范大学，2008.

❷　范庆钟. "国民小学"校长多元架构领导、学校组织健康、教师专业承诺与学校效能关系之研究［D］. 嘉义：中正大学，2011.

❸　萧慧君. 学前融合教育教师专业承诺与教学效能之研究［D］. 台中：台中科技大学，2013.

卷调查。该研究中"教师专业承诺问卷"包含"专业认同""工作投入""研究进修""留业意愿"4个构面，共计28个题项。❶

上述问卷的信效度情况汇整如表2-14所示。

表2-14　教师专业承诺测量问卷信效度汇整

研究者（时间）	研究主题	相关问卷	问卷构面	各构面克隆巴赫系数	问卷克隆巴赫系数	累积解释变异量
杨豪森（2008）	综合高中校长课程领导、教师专业承诺与教师教学效能关系之研究	教师专业承诺问卷	乐业投入	0.85	0.91	61.09%
			专业伦理	0.80		
			留业倾向	0.79		
			专业认同	0.75		
范庆钟（2011）	"国民小学"校长多元架构领导、学校组织健康、教师专业承诺与学校效能关系之研究	教师专业承诺问卷	留职意愿	0.91	0.95	71.45%
			敬业投入	0.89		
			专业发展	0.88		
			组织承诺	0.90		
萧慧君（2013）	学前融合教育教师专业承诺与教学效能之研究	教师专业承诺问卷	专业认同	0.80	0.95	70.76%
			工作投入	0.91		
			研究进修	0.83		
			留业意愿	0.97		
张斐莉（2015）	桃园市幼儿园园长道德领导与教师专业承诺关系之研究	教师专业承诺问卷	专业认同	0.91	0.96	74.05%
			工作投入	0.86		
			研究进修	0.94		
			留业意愿	0.89		

综上可见，上述有关教师及幼儿园教师专业承诺的测量问卷信效度检测均呈现良好，而且，与本研究中教师专业承诺构面意义相类似。因此，本研究中幼儿园教师专业承诺问卷主要参阅上述几位研究者的问卷成果，并评估所研究幼儿园教育场域实况，自行编制教师专业承诺问卷，以作为本研究的测量工具。

---

❶ 张斐莉. 桃园市幼儿园园长道德领导与教师专业承诺关系之研究 [D]. 新竹：新竹教育大学，2015.

第四节　幼儿园园长正念领导、教师学习文化与专业承诺的相关研究

本节将介绍园长正念领导与教师学习文化、园长正念领导与教师专业承诺、教师学习文化与专业承诺，彼此之间的关系，以及幼儿园园长正念领导、教师学习文化与专业承诺三者之间的相互关系及其相关研究。

一、园长正念领导相关研究

关于幼儿园园长正念领导的研究极少，由前述文献回顾与探讨获知，正念领导属于园长领导行为之一，因此，本研究拓宽检索范围，以园长领导加以探寻。研究者对于幼儿园园长领导的相关研究，按照研究变量区分，主要包括单变量研究和多变量研究。将 2013 年以来相关研究成果汇整分析如下。

在单变量研究中，研究成果中质性研究较多，研究方法包括个案研究（邹鲁峰，2011；冯慧，2013；李敏谊、周晶丽，2014；王恒，2016；李爱敏，2018），研究主题主要围绕园长领导力基本问题展开，其中以对园长课程领导研究居多，探讨园长课程领导力或提升策略（李容香、严仲连，2016；张鸿宇、王小英，2017）；鲜有以调查研究方法，调查园长领导力现状（刘霖芳、柳海民，2015；陈雪，2015；颜荆京、汪基德、蔡建东，2015；李克勤、袁小平、宁艳林，2016；侯兴强，2018；姚伟、吴秋融，2019）、影响园长领导行为的因素（冀蒙，2014；张雪莹，2021）的研究成果。

我国台湾地区的研究成果同样既包括质性研究也包括量化研究，质性研究成果中研究方法多为个案研究（林红樱，2014；林楚欣、罗天松，2014；陈柔谕，2015；赖慧欣，2017），研究主题多以幼儿园园长不同领导行为（廖玫惠，2013；刘乙仪，2015；林穆瑛，2016；许家彰，2018）、探寻园长的领导历程（罗天松，2013；林惠珠，2014；杨景琳，2017）和园长领导风格（黄诗婷，2017；黄语均，2017；赖慧欣，2017）为主，也鲜有以访谈和问卷调查法进行幼儿园园长领导相关量表建构的研究（郑钧元，2014；郑雅如，2015；曾荣祥、王琇莹，2016；杨竣嘉，2018）。

多变量研究的相关成果较少，主要采用问卷调查研究探讨变革型领导对幼儿园员工组织公民行为与离职意向的影响、与幼儿园教师工作投入的关系研究（陈昊婷，2013；张思雨，2020）；职业倦怠对幼儿园园长领导力的影响及社会支持的中介作用（项紫霓、马文蓓、曹军娜、宿筱宜、王海涛、崔宝龙，2021）；园长领导风格与教师工作投入的关系、对幼儿教师组织承诺和创造力的影响、与幼儿园教师领导力的关系研究——心理资本的中介作用（杨丹，2020；卓子欣、蔡文伯，2021；吴婷婷，2022）；幼儿教师职业幸福感与园长领导力的关系研究（王蒙，2020）。我国台湾地区研究者多变量研究成果相对较为丰富，而且均采用量化研究，以问卷调查研究为主，研究主题侧重探讨园长领导作为自变量与幼儿园组织和幼儿园教保服务人员之间的关系。结合本研究的研究目的将关于多变量的研究成果汇整分述如下。

（一）园长领导与幼儿园组织关系研究

园长领导与幼儿园组织关系的相关研究成果共检索到 2 篇期刊论文、6 篇学位论文。汇整如表 2 – 15 所示。

表 2 – 15　园长领导与幼儿园组织关系研究汇整

研究主题	研究者（时间）	研究题目	研究对象	研究方法	研究结论
园长领导与幼儿园组织效能	萧宏金、楼家祺、杨淑贞（2013）	高雄市幼儿园园长领导风格与组织绩效关系之研究	幼儿园教师、行政人员	问卷调查	领导风格对组织绩效具有显著影响力，且各构面间均呈现显著正向关系
	陈琇玲（2013）	幼儿园园长服务领导与园所组织效能关系之研究	幼儿园教保人员	问卷调查	服务领导与组织效能具有显著正相关。服务领导各构面中以社群成长对组织效能最具预测效果
	朱涵英、魏渭堂（2014）	台中市私立幼儿园园长领导风格与经营绩效关系之研究	私立幼儿园教师	问卷调查访谈	领导风格与幼儿园经营绩效呈正相关，工作倡导、知识愿景、魅力影响对经营绩效有预测力

续表

研究主题	研究者（时间）	研究题目	研究对象	研究方法	研究结论
园长领导与幼儿园组织效能	何仁馨（2014）	新北市公立幼儿园主任正向领导与学校效能关系之研究	小学附设幼儿园主任、教师	问卷调查	正向领导与学校效能两者之间具有高度正相关。幼儿园主任正向领导对于学校效能具有良好解释力
	黄雯（2018）	园长领导力与幼儿园效能关系之研究	幼儿园教保服务人员	问卷调查	园长领导力对幼儿园效能呈现显著高度正相关，双赢思考最高。双赢思考、不断更新、以终为始、统合综效等对整体效能有显著预测力
园长领导与幼儿园组织气氛	陈丽红（2013）	新北市公立幼儿园主任仆人式领导与组织气氛之相关研究	幼儿园教保人员	问卷调查	仆人式领导与组织气氛的关系具有高度正相关。仆人式领导对组织气氛有预测力。其中以爱与榜样、宽容谦逊、倾听同理最具预测力
园长领导与幼儿园组织创新	黄聪霖（2015）	桃园市幼儿园知识领导与创新经营效能关系之研究	幼儿园教保人员	问卷调查	知识领导与创新经营效能具有显著的典型相关。知识领导能有效预测创新经营效能
	黄琇意（2016）	高雄市幼儿园教育人员知觉分散式领导与组织创新关系之研究	幼儿园教保人员	问卷调查	幼儿园教育人员知觉分散式领导与组织创新呈显著相关

　　综上可见，园长领导与幼儿园组织的关系，研究主题包括不同的园长领导行为与幼儿园组织效能（陈琇玲，2013；萧宏金等，2013；朱涵英、魏渭堂，2014；何仁馨，2014；黄雯，2018）、组织气氛（陈丽红，2013）及组织创新（黄聪霖，2015；黄琇意，2016）的关系。研究对象包括幼儿园主任及教保服务人员。研究结论普遍认为不同的园长领导行为与幼儿园组织效能、组织气氛及组织创新均具有相关关系，而且具有一定的预测力。

（二）园长领导与幼儿园教保人员关系研究

园长领导与幼儿园教保人员关系的相关研究成果共检索到 2 篇期刊论文、20 篇学位论文，汇整如表 2-16 所示。

表 2-16　园长领导与幼儿园教保人员关系研究汇整

研究主题	研究者（时间）	研究题目	研究对象	研究方法	研究结论
园长领导与教师工作投入	张思雨（2020）	幼儿园园长变革型领导行为与幼儿园教师工作投入的关系研究	幼儿园教师	问卷调查	变革型领导行为与教师工作投入呈显著正相关关系，愿景激励、德行垂范因素对教师工作投入有显著的正向预测作用
	杨丹（2020）	幼儿园教师感知园长领导风格与其工作投入的关系研究——以组织承诺为中介	幼儿园教师	问卷调查	园长变革型、交易型领导风格与其组织承诺、工作投入之间呈现显著正相关关系
园长领导与教师离职意向	陈昊婷（2013）	变革型领导对幼儿园员工组织公民行为与离职意向影响	幼儿园教师	问卷调查	变革型领导和离职意向之间呈负相关。变革型领导行为具有预测作用
园长领导行为与幼儿园教师教学效能	余文秀（2013）	幼儿园课程领导与教师教学效能之研究——以台中市、彰化县、南投县为例	幼儿园园长、教师	访谈、问卷调查	园长课程领导与教师教学效能呈正相关
	李京晏（2016）	新北市公立学校附设幼儿园主任教学领导与教师教学效能关系之研究	学校附设幼儿园教师	问卷调查	教学领导与教师教学效能呈现显著正相关，其中发展支持性教学环境、营造幼儿园学习气氛能预测整体教师教学效能
	陈丽如（2017）	台南市公立幼儿园课程领导及教师教学效能	幼儿园现职人员	问卷调查	课程领导各构面内容对教师教学效能大部分构面内容有显著正向影响，课程领导与教师教学效能的关系为互相正向影响

续表

研究主题	研究者（时间）	研究题目	研究对象	研究方法	研究结论
园长领导行为与幼儿园教师教学效能	陈冠瑜（2018）	台北市公立幼儿园园长正向领导与教学效能之研究	幼儿园教师	问卷调查	正向领导对于教学效能有中度显著的正向影响
园长领导行为与幼儿园教师组织承诺	谢志佩（2014）	新北市公立幼儿园主任团队领导与教保服务人员组织承诺关系之研究	幼儿园教保人员	问卷调查	主任团队领导与教保服务人员组织承诺具有中、高度显著正相关，并以团队合作关系最能有效预测，教保服务人员的整体组织承诺
	曾柏玮（2018）	高雄市幼儿园园长服务领导与教师组织承诺关系之研究	幼儿园教师	问卷调查	教师对园长服务领导的知觉越高，则对教师组织承诺的知觉也越高
	卓子欣、蔡文伯（2021）	幼儿园园长领导风格对幼儿教师组织承诺和创造力影响的实证研究	幼儿园园长、教师	问卷调查	领导风格显著影响幼儿园教师组织承诺。变革型领导中个性化关怀正向显著影响组织承诺所有维度
园长领导行为与幼儿园教师幸福感	刘佩瑜（2014）	幼儿园园长正向领导与幼儿教师幸福感关系之研究	幼儿园教育人员	问卷调查	正向领导与教师幸福感呈正相关，营造正向氛围、展现正向意义相关最高。正向领导对教师幸福感有预测力
	林白梅（2016）	幼儿园园长正向领导对教师幸福感关系之研究——以桃园市公私立幼儿园为例	幼儿园教师	问卷调查	园长正向领导与教师幸福感之间具有显著正相关。正向领导对教师幸福感具有正向预测力，其中培养正向意义的预测力最佳
	吴美姬（2018）	高雄市幼儿园园长正向领导与教师幸福感关系之研究	幼儿园教师	问卷调查	教师对园长正向领导的知觉越高，则对教师幸福感的知觉也越高

研究主题	研究者（时间）	研究题目	研究对象	研究方法	研究结论
园长领导行为与幼儿园教师幸福感	王蒙（2020）	幼儿教师职业幸福感与园长领导力的关系研究	幼儿园教师	问卷调查	幼儿园教师职业幸福感与园长领导力存在显著正相关，园长领导力能够解释幼儿园教师职业幸福感的变异情况
园长领导行为与幼儿园教师情绪劳务	简淑温（2014）	教保服务人员知觉幼儿园园长转型领导与情绪劳务相关之研究	幼儿园教师	问卷调查	园长转型领导与教师情绪劳务有显著的相关
	翁祥惠（2017）	高雄市幼儿园教保服务人员知觉的正向领导与其情绪劳务关系之研究	幼儿园教保人员	问卷调查	正向领导与情绪劳务有显著正相关。正向领导对情绪劳务有显著预测力
园长领导行为与幼儿园教师工作满意度	陈惠卿（2015）	台中市公立"国小"附设幼儿园主任教学领导行为与教师工作满意度相关之研究	小学附设幼儿园教师、教保员、主任	问卷调查	教学领导行为与教师工作满意度有显著正相关。教学领导行为对教师工作满意度具有预测力
园长领导行为与教师专业承诺	张斐莉（2015）	桃园市幼儿园园长道德领导与教师专业承诺关系之研究	幼儿园教师	问卷调查	道德领导与教师专业承诺具有显著的典型相关。道德领导能有效预测教师专业承诺
	黄淑萍（2018）	幼儿园园长正向领导与教师专业承诺关系之研究——以桃园市公私立幼儿园为例	幼儿园教师	问卷调查	正向领导与教师专业承诺之间具有显著正相关。正向领导对教师专业承诺具有正向预测力，其中建立正向关系的预测力最佳

续表

研究主题	研究者（时间）	研究题目	研究对象	研究方法	研究结论
园长领导行为与幼儿园教师专业发展	刘乙仪、张瑞村（2014）	幼儿园园长分布式领导与教师专业发展关系之探究	—	文献分析	幼儿园具发展分布式领导及教师专业发展可行性，唯欠缺完整书面计划，但课程与教学实务上已实践分布式领导与教师专业发展信念
	刘乙仪（2017）	幼儿园园长分布式领导、教师领导与教师专业发展关系之研究——以中彰投地区为例	幼儿园教师	问卷调查	分布式领导与教师专业发展之间具有显著正向相关
园长领导行为与幼儿园教师组织忠诚	汪耘竹（2017）	幼儿园园长魅力领导与教师组织忠诚相关之研究	幼儿园教师	问卷调查	魅力领导与教师组织忠诚高度正相关，其整体与内化义务相关最高。魅力领导透过启迪部属对整体教师组织忠诚最具预测力

有关园长领导行为相关研究数量汇整统计如表2-17所示。

表2-17 园长领导行为相关研究数量统计

研究主题	园长领导与幼儿园组织			园长领导与幼儿园教保人员								
	与组织效能	与组织创新	与组织气氛	与工作投入	与教学效能	与专业承诺	与幸福感	与情绪劳务	与工作满意度	与专业发展	与离职倾向	与组织忠诚	与组织承诺
小计	5	2	1	2	4	2	4	2	1	2	1	1	3
合计	8			22									

由表2-15、表2-16、表2-17数据信息分析，可进一步获知以下结论。

1. 园长领导行为相关研究以园长领导与教保人员的关系研究较多，共计22篇。

2. 研究主题包括不同的园长领导行为与幼儿园教师工作投入（张思雨，

2020；杨丹，2020）、教保人员教学效能（余文秀，2013；李京晏，2016；陈丽如，2017；陈冠瑜，2018）、教师幸福感（刘佩瑜，2014；林白梅，2016；吴美姬，2018；王蒙，2020）、组织承诺（谢志佩，2014；曾柏玮，2018；卓子欣、蔡文伯，2021）、情绪劳务（简淑温，2014；翁祥惠，2017）、工作满意度（陈惠卿，2015）、专业承诺（张斐莉，2015；黄淑萍，2018）、专业发展（刘乙仪、张瑞村，2014；刘乙仪，2017）、组织忠诚（汪耘竹，2017）、离职倾向（陈昊婷，2013）的关系研究。

3. 研究对象包括公立、私立幼儿园园长、主任及教保服务人员。

4. 研究结论普遍认为园长领导行为与幼儿园教保人员上述方面均具有相关关系，而且具有一定的预测力。

5. 园长领导与教师专业承诺关系的研究较少，只有 2 篇。本研究中教师专业承诺变量的构面包括"专业认同""乐业投入""专业成长""留业意愿""专业伦理"五个构面，而教师幸福感、情绪劳务、工作满意度、工作投入与教师专业承诺的"乐业投入"构面、教师专业发展与教师专业承诺的"专业成长"构面意涵接近，教师离职倾向与教师专业承诺的"留业意愿"构面反向相关。因此可推论，园长领导行为与教师专业承诺具有一定的相关性，而且具有正向关系与预测力。

二、教师学习文化相关研究

关于教师学习文化的相关研究较少，以"教师学习文化"在中国知网学术检索平台进行检索共获得 20 篇研究成果，上述研究成果均为单变量研究，以哲学思辨方法探讨教师学习文化实质、教师学习文化的价值、如何构建教师学习文化等。我国台湾地区研究者对于教师学习文化的研究成果同样较少，仅有 3 篇文献。根据本研究目的，且由前述文献探讨获知，教师学习文化属于学校组织文化范畴，教师学习文化是具有学习特质的学校组织文化。因此，本研究拓宽检索范围，将学校组织文化、学校文化、学校组织学习、幼儿园组织文化、幼儿园教师文化纳入检索加以探寻，相关研究成果汇整分析如下。

单变量研究成果以思辨性研究为主，研究主题多围绕学校/幼儿园组织文化/组织学习/幼儿园教师文化的意涵、特点、价值、功能，如何建构学校/幼儿园组织文化/组织学习/幼儿园教师文化。鲜有以问卷调查进行研究的成果

（罗儒国、王姗姗，2011；索长清、申谊可，2019；裴瑶瑶，2019）。我国台湾地区有关学校/幼儿园组织文化/组织学习/幼儿园教师文化单变量的研究亦较少。

多变量研究成果均采用量化研究的问卷调查方式。多变量研究成果相对较少，仅检索到 6 篇文献（王本富，2010；许跃华，2012；张慧，2013；贺文洁、李琼、穆洪华，2018；许志勇，2019；蔺海洋、张智慧、赵敏，2021）。我国台湾地区关于多变量的研究成果较多，主要为以学校组织文化作为研究变量。其中，以学校组织文化为自变量，研究主题侧重于探讨学校组织文化与学校及教师之间的关系；以学校组织文化为中介变量，研究主题主要探讨学校组织文化与学校组织及教师的中介关系；以学校组织文化为因变量，研究主题侧重于不同领导行为、学校创新经营、教师专业学习社群、教师工作压力与学校组织文化关系或对学校组织文化的影响。

结合本研究的研究目的，仅将多变量研究重要研究成果归纳分述如下。

（一）学校组织文化作为自变量的研究

作为自变量研究的相关研究成果共检索到 3 篇期刊论文、9 篇学位论文，汇整如表 2 – 18 所示。

表 2 – 18　学校组织文化作为自变量研究汇整

研究主题	研究者（时间）	研究题目	研究对象	研究方法	研究结论
学校组织文化与学校效能	李天霁（2014）	台北市高级中学组织文化与学校效能之研究	高级中学教师	问卷调查	学校组织文化与学校效能呈显著正相关
	吕柏毅（2016）	特殊教育学校组织文化及学校效能关系之研究	特殊教育学校教师	问卷调查	教师对学校组织文化的知觉程度越高，对学校效能的知觉也越高。学校组织文化对学校效能有解释力
	魏家文（2018）	台北市"国民小学"学校组织文化、教师组织公民行为与学校组织效能关系之研究	小学教师	问卷调查	学校组织文化、教师组织公民行为与学校组织效能三者彼此间呈高度正相关。学校组织文化对学校组织效能具显著相关及预测力，领导与气氛及工作投入与奉献最具预测力

续表

研究主题	研究者（时间）	研究题目	研究对象	研究方法	研究结论
学校组织文化与学校效能	许志勇（2019）	学校文化与学校效能的关系研究	高中教师	问卷调查	学校文化与学校效能有显著的正相关，学校文化对学校效能有正向影响效应，有效解释变异量53.1%
学校组织文化与教师教学效能	陈雅莉（2014）	新北市"国小"体育教师知觉学习型组织文化与创意教学自我效能感研究	小学体育教师	问卷调查	教师学习型组织文化与创意教学自我效能感为中度正相关。学习型组织文化的知识社群运作对整体创意教学自我效能感具有中度预测力
	苏哈宁西、穆尔泰乔（2017）	组织文化对小学教师绩效的影响	小学教师	问卷调查	组织文化对教师绩效正向相关，组织文化越好，带来教师绩效表现越高，但两者之间的相互作用未达显著
学校组织文化与教师组织公民行为	张慧（2013）	学校组织文化对教师组织公民行为的影响	中学教师	问卷调查	学校组织文化与教师组织公民行为有很强的相关性，强有力的、鲜明价值导向的组织文化将有利于组织公民行为的发生
学校组织文化与教师专业发展	郭千慧（2015）	高雄市"国小"特殊教育教师觉知学校组织文化与教师专业发展之研究	小学教师	问卷调查	特殊教育教师对学校组织文化与教师专业发展为低度相关
学校组织文化与教师留岗意愿	蔺海沣、张智慧、赵敏（2021）	学校组织文化如何影响乡村青年教师留岗意愿——组织承诺的中介效应分析	中小学教师	问卷调查	学校组织文化与教师留岗意愿显著正相关

续表

研究主题	研究者（时间）	研究题目	研究对象	研究方法	研究结论
学校组织文化与教师工作满足	李丹穟（2017）	组织文化、工作特性对工作满足影响之研究——以宜兰县立"国民中学"教师为例	中学教师	问卷调查	组织文化正向显著影响工作特性与工作满足
	贺文洁、李琼、穆洪华（2018）	学校文化氛围对乡村教师工作满意度的影响：教师能动性的中介作用	中小学教师	问卷调查	学校文化氛围显著地影响着教师的工作满意度；教师的能动性在学校文化氛围与工作满意度的影响关系中表现出部分显著的中介效应
	陈玥湄（2018）	中小学教师组织文化、教学态度与工作满意度关系之研究	中小学教师	问卷调查	组织文化层级型、整体组织文化越高，教师的工作满意度越高

综上可见，学校组织文化作为自变量与学校及教师的关系，研究主题包括学校组织文化与学校效能（李天霁，2014；吕柏毅，2016；魏家文，2018；许志勇，2019）、教师教学效能（陈雅莉，2014；苏哈宁西、穆尔泰乔，2017）、教师组织公民行为（张慧，2013）、教师专业发展（郭千慧，2015）、教师留岗意愿（蔺海沣、张智慧、赵敏，2021）、教师工作满足（李丹穟，2017；贺文洁、李琼、穆洪华，2018；陈玥湄，2018）的关系。其中，学校组织文化与教师的关系研究成果最多，共8篇文献。研究对象包括中小学教师和特殊教育学校教师。研究结论普遍认为学校组织文化与学校及教师的上述方面均具有相关关系，而且具有一定的预测力。

（二）学校组织文化作为中介变量研究

学校组织文化作为中介变量的相关研究成果共检索到1篇期刊论文、13篇学位论文，汇整如表2-19所示。

表 2-19　学校组织文化作为中介变量研究汇整

研究主题	研究者（时间）	研究题目	研究对象	研究方法	研究结论
学校组织文化与竞争优势	张本文（2015）	"国小"校长服务领导、教师领导、学校组织文化与学校竞争优势关系之研究	小学教师	问卷调查	学校组织文化是影响学校竞争优势最重要的因素
	林靖雅（2017）	高雄市"国小"校长变革领导、学校组织文化与竞争优势关系之研究	小学教师	问卷调查	教师对学校组织文化知觉越佳，则学校竞争优势越佳
学校组织文化与学校效能/学校发展	许跃华（2012）	中小学教师工作满意度及其组织文化对学校发展的影响分析	中小学教师	问卷调查	学校组织文化与学校发展显著相关。学校组织文化会影响教师对学校发展的认知，学校组织文化水平越高，对学校发展的认同感越高
	王雅君（2015）	高雄市"国民中学"校长服务领导、组织文化与组织效能关系之研究	中学教师	问卷调查	教师知觉组织文化越高，组织效能越佳。组织文化对组织效能有显著预测力
	许雅惠（2016）	教保服务人员知觉幼儿园主管正向领导、园所组织文化与组织效能关系之研究	教保人员	问卷调查	园所组织文化对组织效能具有预测力。建立正向关系及善用正向沟通对组织效能解释力最高
	李怡桦（2018）	台北市"国民小学"校长空间领导、学校组织文化与学校创新经营效能关系之研究	科任导师、组长兼主任	问卷调查	学校组织文化与学校创新经营效能彼此达到中度正相关。学校组织文化具有中介效果
	吴秋蓉（2018）	南部四县市"国民小学"校长科技领导与学校效能关系之研究——以教师知识管理、组织文化为中介变量	小学教师	问卷调查	小学教师知觉组织文化程度越高，则学校效能表现越佳。组织文化具有中介作用

续表

研究主题	研究者（时间）	研究题目	研究对象	研究方法	研究结论
学校组织文化与教师离职倾向	梁志强（2013）	教师人格特质与组织文化对教师离职倾向之影响关系研究——以华仁独立中学为例	独立中学教师	问卷调查	创新型、支持型及官僚型组织文化对中学教师离职倾向呈负向影响关系，其中支持型组织文化对教师离职倾向达负向显著影响水平
学校组织文化与教师知识分享	纪朝扬（2014）	"国中"校长领导风格、学校组织文化及教师知识分享之相关研究——以中部三县市为例	中学教师	问卷调查	学校组织文化与教师知识分享具有显著正相关
学校组织文化与教师工作满意和绩效	阿里芬（2015）	能力、动机和组织文化对高中教师工作满意度和绩效的影响	高中教师	问卷调查	组织文化对工作满意度有正向影响，但影响不显著。诚实、正直、身份认同和工作纪律的实施并不能提高教师工作满意度
	陈采绵（2018）	中小学教师工作价值观、组织文化与工作绩效关系之研究	中小学教师	问卷调查	发展型文化与整体组织文化越高，教师的教学计划、教学活动、学生辅导、整体工作绩效越高
学校组织文化与教师教学效能	陈俊秀（2014）	高雄市"国中"教师正向心理特质、组织文化与教学效能关系之研究	中学教师	问卷调查	教师知觉组织文化越高，教学效能的表现就越好。凝聚共识文化最能预测教学效能
	徐淑芬（2015）	屏东县"国小"教师知觉校长教学领导、学校组织文化与教学效能关系之研究	小学教师	问卷调查	学校组织文化越积极正向，教师教学效能越佳，其中以分享性影响最大
	方丽婷（2016）	高雄市"国民小学"教师领导、组织文化与教学效能关系之研究	小学教师	问卷调查	组织文化对教学效能具有解释力，其中以支持型文化的组织文化影响最大

综上可见，学校组织文化作为中介变量与学校组织的关系相关研究主题包括学校组织文化与学校效能（许跃华，2012；王雅君，2015；许雅惠，2016；李怡桦，2018；吴秋蓉，2018）、竞争优势（张本文，2015；林靖雅，2017）。学校组织文化与教师的关系相关研究主题包括学校组织文化与教师工作满意和绩效（阿里芬，2015；陈采绵，2018）、离职倾向（梁志强，2013）、知识分享（纪朝扬，2014）、教学效能（陈俞秀，2014；徐淑芬，2015；方丽婷，2016）。其中，以学校组织文化作为中介变量与教师关系的研究成果最多，共计7篇。研究对象包括幼儿园教师、中小学教师，研究结论普遍认为学校组织文化作为中介变量与学校组织及教师变量方面均具有相关关系，而且具有一定的预测力。

（三）学校组织文化作为因变量的研究

学校组织文化作为因变量研究的相关研究成果共检索到1篇期刊论文、4篇学位论文，汇整如表2-20所示。

表2-20　学校组织文化作为因变量研究汇整

研究主题	研究者（时间）	研究题目	研究对象	研究方法	研究结论
不同领导行为与学校组织文化	薛雅文、赖志峰（2013）	"国民小学"分布式领导与学校组织文化之关系研究	小学教师	问卷调查	分布式领导与学校组织文化之间显著正相关。分布式领导能有效预测学校组织文化
	王真真（2014）	新北市立完全中学校长正向领导与学校组织文化关系之研究	完全中学教育人员	问卷调查	校长正向领导与学校组织文化高度正相关。正向领导对于学校组织文化具有预测力
	陈浩然（2015）	"国民中小学"校长核心能力、领导风格与组织文化关系之研究	小学、中学校长	问卷调查	校长运用文化领导、权变领导及魅力领导等领导风格领导时对学校组织文化具有高度的影响力
	卡普苏佐格鲁等（2016）	教师知觉学校管理者的道德领导对组织文化的影响	小学、中学教师	问卷调查	道德领导与组织文化高度正相关，且对组织文化具有预测力。道德领导行为越多，教师对组织文化的认知就越积极

续表

研究主题	研究者（时间）	研究题目	研究对象	研究方法	研究结论
不同领导行为与学校组织文化	戴雅绫（2017）	高雄市"国小"校长家长式领导与学校组织文化关系之研究	小学教师	问卷调查	教师对校长家长式领导觉知程度越高，对学校组织文化的觉知也越明显。教师觉知校长家长式领导对学校组织文化有显著预测力，德行领导解释力最高

综上可见，学校组织文化作为因变量，研究主题主要为不同领导行为与组织文化的关系（薛雅文、赖志峰，2013；王真真，2014；陈浩然，2015；卡普苏佐格鲁等，2016；戴雅绫，2017），共计5篇论文。研究对象包括中小学教师、校长。研究结论普遍认为校长的领导行为与学校组织文化具有一定的相关关系。

有关学校组织文化作为不同研究变量的相关研究数量汇整统计如表2-21所示。

表2-21　学校组织文化作为不同研究变量相关研究数量统计表

研究主题	作为自变量与学校及教师					作为中介变量与学校及教师					作为因变量与教师及领导行为
	与学校效能	与教师教学效能	与教师工作满足	与教师专业发展	与教师组织公民行为	与教师留岗意愿	与学校效能/学校发展	与学校竞争优势	与教师教学效能	与教师工作满意与绩效	与教师知识分享	与教师离职倾向	不同领导行为与学校组织文化

实际上数据行：

| 小计 | 4 | 2 | 3 | 1 | 1 | 1 | 5 | 2 | 3 | 2 | 1 | 1 | 5 |
| 合计 | 12 | | | | | | 14 | | | | | | 5 |

由表2-18、表2-19、表2-20、表2-21数据信息分析，可进一步获知以下结论。

1. 学校组织文化较多作为中介变量，共计14篇文献，其中仅1篇以幼儿园教保人员为研究对象。经前述文献探讨获知，本研究欲探讨的教师学习文化属于学校组织文化范畴，因此，本研究以幼儿园教师学习文化为中介变量进行探讨。

2. 学校组织文化作为自变量或中介变量，共计 26 篇文献，其中 15 篇文献为学校组织文化对教师的影响研究。

3. 学校组织文化作为因变量，主要受到校长不同领导行为的影响。因为幼儿园园长即为幼儿园领导者，承担与中小学校长相同的职业角色，同时教师学习文化属于学校组织文化范畴，进而由前述相关研究成果可以推论：园长领导与幼儿园教师学习文化之间具有相关关系。

4. 本研究中教师专业承诺变量包括"专业认同""乐业投入""专业成长""留业意愿""专业伦理"五个构面。而前述相关研究中，教师工作满意和工作满足与教师专业承诺的"乐业投入"构面、教师专业发展与教师专业承诺的"专业成长"构面、教师离职倾向与教师专业承诺的"留业意愿"构面意涵接近或相关。因此，依据学校组织文化作为自变量的相关研究，可以推论：学校组织文化与教师专业承诺具有一定的相关性。另外，本研究欲探讨的教师学习文化属于学校组织文化范畴，进而由前述相关研究成果可以进一步推论，教师学习文化与教师专业承诺具有一定的相关性，而且具有正向关系与预测力。

三、教师专业承诺相关研究

关于教师专业承诺的相关研究，以"专业承诺"在中国知网学术检索平台进行检索，研究成果颇多，共计得到 592 篇研究成果，其中期刊成果 480 篇、学位论文成果 112 篇，上述研究成果的研究主题皆为对不同专业学生的专业承诺研究，只检索到 3 篇期刊论文和 1 篇学位论文为对教师专业承诺的相关研究成果。

近年来，我国台湾地区关于教师专业承诺的相关研究成果非常多，其中教师专业承诺单变量的研究较少，多变量的研究较多。多变量研究成果大多数采用量化研究的问卷调查方式。以教师专业承诺为自变量，研究主题侧重于教师专业承诺与教师的关系；以教师专业承诺为中介变量，研究主题侧重于教师专业承诺与学校及教师的中介关系；以教师专业承诺为因变量，研究主题侧重于校长领导行为、教师不同方面与教师专业承诺的关系。

根据本研究的研究目的，将多变量的研究成果归纳分述如下。

（一）教师专业承诺作为自变量与教师关系研究

教师专业承诺作为自变量的相关研究成果共检索到 3 篇期刊论文、3 篇学位论文，汇整如表 2 - 22 所示。

表 2 - 22　教师专业承诺作为自变量研究汇整

研究主题	研究者（时间）	研究题目	研究对象	研究方法	研究结论
教师专业承诺与教师教学效能	孙明霞（2007）	中学教师专业承诺和教学效能感的关系研究	中学教师	问卷调查	中学教师专业承诺和教学效能感存在显著相关。教师专业承诺越高，教学效能感越高
	萧慧君、张美云（2014）	台中市学前教师融合教育专业承诺与教学效能之研究	幼儿园教师	问卷调查	学前教师专业承诺各维度与教师效能各向度呈现典型相关。专业承诺对教学效能具有预测力，其中以"研究进修"具最佳预测力
	陈美龄（2014）	教师专业承诺与教学效能关系之研究——以高雄市"国民中学"为例	中学教师	问卷调查	教师专业承诺、教师教学效能各层面、整体皆呈显著正相关。教师专业承诺对教师教学效能具有显著的预测力
	陈仲洁（2017）	桃竹苗四县市"国小"英语教师专业承诺与教学效能关系之研究	小学英语教师	问卷调查	教师专业承诺与教学效能有显著的典型相关。教师专业承诺能显著预测教师教学效能
教师专业承诺与教师工作满意度	巴苏（2016）	中学教师专业承诺与工作满意度	印度中学教师	问卷调查	教师专业承诺与工作满意度之间存在高度的正相关
	马拉克（2017）	梅加拉亚东加罗山区小学教师的专业承诺与工作满意度	印度小学教师	问卷调查	教师专业承诺与工作满意度之间存在显著的正相关

综上可见，教师专业承诺作为自变量的研究，研究主题主要包括教师专业承诺与教师教学效能（孙明霞，2007；萧慧君、张美云，2014；陈美龄，2014；陈仲洁，2017）、工作满意度（巴苏，2016；马拉克，2017）。研究对象包括幼儿

园教师、中小学教师。研究结论普遍认为教师专业承诺总体上有助于提高教师教学效能和工作满意度，教师专业承诺与教师教学效能和工作满意度具有相关性。

（二）教师专业承诺作为中介变量研究

教师专业承诺作为中介变量的相关研究成果共检索到 1 篇期刊论文、12 篇学位论文，汇整如表 2-23 所示。

表 2-23　教师专业承诺作为中介变量研究汇整

研究主题	研究者 （时间）	研究题目	研究对象	研究方法	研究结论
教师专业承诺与学校组织	陈文龙 （2013）	"国民小学"校长领导、教师专业承诺与学校效能关系之研究	小学教师	问卷调查	教师专业承诺是校长领导增进学校效能的中介因素。教师专业承诺与学校效能的理论模式具良好适配度。校长领导透过教师专业承诺能有效提升学校效能的成效
	黄丽燕 （2014）	竞值架构应用在校长领导效能、教师专业承诺及学校效能关系之研究	小学教师	问卷调查	校长竞值领导对教师专业承诺，教师专业承诺对学校效能，都对学校效能有显著的正向影响
	洪文芳 （2014）	"国中"教师彰权益能、专业承诺与学校效能关系之研究——以中部三县市为例	中学教师	问卷调查	教师专业承诺与学校效能之间具有中高度正相关。教师彰权益能与专业承诺对学校效能具有解释力。由教师的彰权益能、专业承诺可以预测学校效能
	唐佳雯 （2014）	高雄市"国民中学"校长魅力领导、教师专业承诺与学校组织健康关系之研究	中学教师	问卷调查	高雄市中学教师知觉校长魅力领导越佳，则教师专业承诺越高。校长魅力领导、教师专业承诺对学校组织健康有显著的预测力，其中以发展愿景最能预测学校组织健康

续表

研究主题	研究者 （时间）	研究题目	研究对象	研究方法	研究结论
教师专业承诺与学校组织效能/健康	梁佳蓁 （2018）	幼儿园教师文化知觉、教师专业承诺与学校效能关系之探究	幼儿园教师	嵌入式混合研究法	教师专业承诺与学校效能具有正向相关、预测作用。教师文化知觉透过教师专业承诺的中介作用，对学校效能具有正向的影响效果
教师专业承诺与教师工作满意/公民行为/教学效能/幸福感	张瑞英 （2013）	人格特质、专业承诺与工作满意三者相互关系之研究——以新北市"国小"教师为例	小学教师	问卷调查	教师工作满意可正向影响教师专业承诺。教师工作满意在教师人格特质与专业承诺间具有显著的中介效果
	郑文婷 （2018）	"国小"专任辅导教师角色知觉、专业承诺与工作满意度之研究	小学专任辅导教师	问卷调查	角色知觉、专业承诺和工作满意度，两两变量之间具有显著正相关。留业意愿、乐业投入能有效预测工作满意度，留业意愿预测力最佳
	马惠娣 （2014）	"国民中学"教师组织公平、专业承诺与组织公民行为关系研究	中学教师	问卷调查	组织公平与专业承诺对组织公民行为具有显著的预测力，专业承诺具有中介效果。组织公平、专业承诺与组织公民行为理论模式有良好的适配度
	黄建翔、吴清山 （2013）	"国民中学"教师专业发展、专业承诺与教学效能关系之研究——以TEPS数据库为例	中学教师	问卷调查	从整体适配度与内在结构适配度研究结果发现，皆达到显著水平，三个变量呈现正向相关
	林士雯 （2016）	教师赋权增能、专业承诺与组织公民行为关系之研究	小学教师	问卷调查	教师知觉、教师专业承诺与组织公民行为有显著正相关和正向的预测力。其中，以教育专业关系对组织公民行为及其各层面最具有预测力

· 79 ·

续表

研究主题	研究者（时间）	研究题目	研究对象	研究方法	研究结论
教师专业承诺与教师工作满意/公民行为/教学效能/幸福感	侯国林（2016）	高雄市"国民小学"校长课程领导、教师专业承诺与教学效能关系之研究	小学教师	问卷调查	校长课程领导与教师专业承诺对教学效能有整体关联。教师专业承诺对教学效能有显著的预测力，以专业伦理最能预测教学效能
	陈木柱（2016）	公立高级中等学校校长转型领导、教师专业承诺、教师工作满意与学校效能关系之研究	高级中等学校教师	问卷调查	教师专业承诺、教师工作满意及学校效能彼此间具有显著相关，具有显著预测力。教师专业承诺、教师工作满意与学校效能结构方程模式适配度尚可
	黎宥瑄（2017）	"国中"特教教师社会支持、专业承诺与幸福感关系之研究——以桃园市为例	中学特教教师	问卷调查	专业承诺与幸福感呈现高度正相关。社会支持对幸福感不存在直接效果，必须透过专业承诺为中介变量对幸福感产生间接效果

综上可见，教师专业承诺作为中介变量，研究主题包括教师专业承诺与学校组织（陈文龙，2013；黄丽燕，2014；洪文芳，2014；唐佳雯，2014；梁佳蓁，2018）、教师专业承诺与教师工作满意（张瑞英，2013；陈木柱，2016；郑文婷，2018）、教师公民行为（马惠娣，2014；林士雯，2016）、教学效能（黄建翔、吴清山，2013；侯国林，2016）、教师幸福感（黎宥瑄，2017）。其中，以教师专业承诺与教师关系的研究成果最多，为8篇文献。研究对象包括幼儿园教师、中小学教师。研究结论普遍认为教师专业承诺作为中介变量与学校效能及教师均具有相关关系，而且具有一定的预测力。

（三）教师专业承诺作为因变量研究

教师专业承诺作为因变量的相关研究成果共检索到32篇论文，其研究主题主要为与校长或园长领导、教师专业发展评鉴、教学视导、专业社群社会支持、教师心理资本、工作压力、职业倦怠和情绪劳务、教师工作满意、教师幸福感、教师专业素养、自我效能、专业能力、教师工作价值观与教师专业承诺的关系。根据本研究目的，仅选择校长/园长不同领导行为与教师专业承诺的相关研究，共检索到1篇期刊论文、7篇学位论文，分述如下。

表 2-24 教师专业承诺作为因变量研究汇整（校长/园长不同领导行为为自变量）

研究主题	研究者（时间）	研究题目	研究对象	研究方法	研究结论
服务领导与教师专业承诺	黄慧欣（2014）	高雄市"国民中学"校长服务领导与教师专业承诺关系之研究	中学教师	问卷调查	服务领导行为与教师专业承诺具有中度正相关。服务领导对教师专业承诺有正向且显著的影响
故事领导与教师专业承诺	范炽文、陈靖娥（2014）	"国小"校长故事领导与教师专业承诺关系之研究	小学教师	问卷调查	故事领导与教师专业承诺有中度正相关。故事领导对于教师专业承诺具有显著之预测力
正向领导与教师专业承诺	彭永青（2013）	"国民中学"校长正向领导、学校组织气氛与教师专业承诺关系之研究	中学教师	问卷调查	正向领导与教师专业承诺具有显著正相关。正向领导之善用正向沟通层面对整体教师专业承诺最具有预测效果
	康燕慈（2016）	家长参与、校长正向领导及教师人格特质对"国中"教师专业承诺之影响——以桃园市为例	中学教师	问卷调查	正向领导与教师专业承诺呈显著正相关。教师之专业承诺影响因素中，以校长正向领导、内控人格特质最具有预测力
	黄淑萍（2018）	幼儿园园长正向领导与教师专业承诺关系之研究——以桃园市公私立幼儿园为例	幼儿园教师	问卷调查	正向领导与教师专业承诺之间具有显著正相关。正向领导对教师专业承诺具有正向预测力，以建立正向关系的预测力最佳
道德领导与教师专业承诺	张斐莉（2015）	桃园市幼儿园园长道德领导与教师专业承诺关系之研究	幼儿园教师	问卷调查	道德领导与教师专业承诺具有显著的典型相关。道德领导能有效预测教师专业承诺

续表

研究主题	研究者（时间）	研究题目	研究对象	研究方法	研究结论
道德领导与教师专业承诺	蔡琼莹（2015）	云林县"国民小学"校长道德领导与教师专业承诺之研究	小学教师	问卷调查	道德领导在教师专业承诺上具有正相关。道德领导对教师专业承诺具有解释力
转型领导与教师专业承诺	林伟强（2014）	新北市"国民小学"校长转型领导、学校创新气氛与教师专业承诺之相关研究	小学教师	问卷调查	小学教师具有高度的专业承诺，以专业认同的表现最为明显。校长转型领导与教师专业承诺具有正向相关

综上可见，以校长/园长领导行为作为自变量，教师专业承诺作为因变量的研究共计 8 篇论文。研究主题包括学校校长/园长的正向领导（彭永青，2013；康燕慈，2016；黄淑萍，2018）、故事领导（范炽文、陈靖娥，2014）、服务领导（黄慧欣，2014）、转型领导（林伟强，2014）、道德领导（张斐莉，2015；蔡琼莹，2015）与教师专业承诺的关系。研究对象包括幼儿园教师、中小学教师。研究结论普遍认为不同类型的领导行为与教师专业承诺之间均具有相关性，会对教师专业承诺产生影响，而且对教师专业承诺具有正向预测力。教师知觉校长/园长某种领导行为程度越高，则教师表现出的专业承诺程度越高。

有关教师专业承诺作为不同研究变量的相关研究数量汇整统计如表2-25所示。

表2-25 教师专业承诺作为不同研究变量相关研究数量统计

研究主题	作为自变量与教师		作为中介变量与学校及教师		作为因变量与校长或园长领导及与教师												
	与教师教学效能	与教师工作满意度	与学校组织效能/公民行为/教学效能/健康	与教师工作满意/公民行为/教学效能/幸福感	与校长或园长领导	与教师专业发展评鉴	与教学视导	与专业社群社会支持	与教师心理资本	与工作压力	与职业倦怠和情绪劳务	与教师工作满意	与教师幸福感	与教师专业素养	与自我效能	与专业能力	与教师工作价值观
小计	4	2	6	8	8	5	1	1	4	3	3	2	1	1	1	1	1
合计	6		14		32												

由表 2 - 22、表 2 - 23、表 2 - 24、表 2 - 25 数据信息分析，可进一步获知以下结论。

1. 教师专业承诺较多作为因变量，共计 32 篇文献。因此，本研究以教师专业承诺为因变量进行探讨。

2. 以教师专业承诺作为因变量，以校长/园长领导行为作为自变量的研究，共计 8 篇论文。其中以园长领导行为作为自变量的相关研究仅有 2 篇文献，以校长领导行为作为自变量与教师专业承诺相关的研究共计 6 篇文献。因为幼儿园与中小学均属教育性组织，幼儿园园长即为幼儿园领导者，承担与中小学校长相同的职业角色，进而可以推论，园长领导与教师专业承诺之间具有相关关系。

四、幼儿园园长正念领导、教师学习文化与专业承诺相关研究

沙因（2014）指出："文化"因我们与他人间的互动而被不断地再现和创造，并被我们自身的行为所塑造；当我们有权力塑造他人的行为和价值观时，我们认为那就是领导力；文化与领导的联系在组织文化和微观文化中最为明显。❶

施佩芳（2010）采用分层随机抽样，以我国台湾地区北、中、南、东四区的公立小学教师为研究对象，在其博士学位论文《"国民小学"校长知识领导、教师学习文化与教师专业发展之研究》中指出：校长知识领导运用越好，教师专业发展越佳；教师学习文化越好，教师专业发展越佳；校长知识领导运用越好，教师学习文化越佳。❷

林新发等（2011）采用分段抽样，以小学现职校长、主任、组长及教师为研究对象，探讨小学校长正向领导、学习文化对学校创新经营效能的影响，其学习文化意涵与本研究中的教师学习文化意涵类似。研究发现：正向领导的"展现执行毅力"层面、学习文化的"学习创新文化"层面对两岸三地学校创新经营效能最具预测力。小学校长正向领导、学习文化对学校创新经营效能影响的关系结构模型获得支持。正向领导主要透过学习文化对学校创新经营效能

---

❶　[美] 埃德加·沙因著，章凯，罗文豪，朱超威译. 组织文化与领导力（第四版）[M]. 北京：中国人民大学出版社，2014：3.

❷　施佩芳. "国民小学"校长知识领导、教师学习文化与教师专业发展之研究 [D]. 嘉义：中正大学，2010.

产生影响力。❶

张斐莉（2015）、黄淑萍（2018）均采用问卷调查以我国台湾地区桃园市幼儿园教师为研究对象。张斐莉（2015）研究发现，园长道德领导与教师专业承诺具有显著的典型相关，园长道德领导能有效预测教师专业承诺。❷ 黄淑萍（2018）研究发现，园长正向领导与教师专业承诺之间具有显著正相关，园长正向领导对教师专业承诺具有正向预测力，"建立正向关系"的预测力最佳。❸

陈木金等（2006）采用问卷调查法，分层随机抽样，以我国台湾地区台北市公立小学 669 人为研究对象，有效回收 502 份问卷，探讨学校学习文化与教师专业承诺的关系。其学校学习文化意涵与本研究中的教师学习文化意涵类似。研究发现：学校教师的学习文化与教师专业承诺具有显著正相关，学习文化对教师专业承诺具有显著预测力。❹

综合上述相关研究成果可知，领导行为、教师学习文化、教师专业承诺三个变量之间的关系为：

1. 领导行为与学校教师学习文化之间具有正向影响关系。

2. 园长领导行为与教师专业承诺之间具有正向影响关系。

3. 教师学习文化与教师专业承诺之间具有正向影响关系。

进而可归纳获知，领导行为、教师学习文化、教师专业承诺三个变量，两两之间均具有正向相关。以领导行为为自变量，能够预测教师学习文化，也能预测教师专业承诺；以教师学习文化作为中介变量，能够预测教师专业承诺。

幼儿园为学校组织机构，园长为幼儿园的领导者与管理者，幼儿园教师为学校教师群体的一员，正念领导亦为园长可采行的领导行为，幼儿园组织亦需

---

❶ 林新发，王秀玲，仲秀莲，钟云英，黄秋銮，林佳芬，颜如芳. 两岸三地小学校长正向领导、学习文化对学校创新经营效能影响之研究（Ⅱ）——台北市、上海市、香港地区之比较分析［Z］. 华中师范大学中外教育交流国际学术研讨会，2011.

❷ 张斐莉. 桃园市幼儿园园长道德领导与教师专业承诺关系之研究［D］. 新竹：新竹教育大学，2015.

❸ 黄淑萍. 幼儿园园长正向领导与教师专业承诺关系之研究——以桃园市公私立幼儿园为例［D］. 桃园：铭传大学，2018.

❹ 陈木金，谢紫菱，邱馨仪. "国民小学"的学校学习文化评鉴指标建构之研究［J］. 教育行政与评鉴学刊，2006（1）：51-82.

形塑教师学习文化。因此，可推论，园长正念领导、教师学习文化与教师专业承诺三者之间具有一定的相关关系，如图2-7所示。

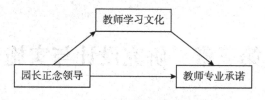

图 2-7 研究变量模型假设

本研究将对上述三个变量之间的关系进行实证性探究。

第三章　研究设计与实施

本研究旨在探究园长正念领导、教师学习文化与专业承诺的关系。本章包括五节。第一节为研究架构与研究变量，第二节为研究对象，第三节为研究工具，第四节为实施程序，第五节为资料处理。

第一节　研究架构与研究变量

一、研究架构

依据本研究的目的与研究问题，拟定研究架构，如图 3-1 所示。

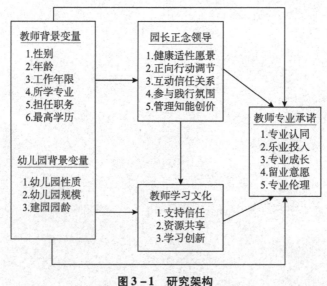

图 3-1　研究架构

二、研究变量

本研究的研究变量包括背景变量、自变量及因变量，分述如下。

（一）教师背景变量

1. 性别
（1）男　　　　　　　　　　（2）女
2. 年龄
（1）未满 30 岁　　　　　　（2）30～39 岁
（3）40～49 岁　　　　　　（4）50 岁及以上
3. 工作年限
（1）未满 5 年　　　　　　　（2）5～10 年
（3）11～15 年　　　　　　（4）16～20 年
（5）21 年及以上
4. 所学专业
（1）学前教育　　　　　　　（2）非学前教育
5. 担任职务
（1）专任教师　　　　　　　（2）教师兼任行政人员
6. 最高学历
（1）中等职业学校（含）以下毕业　（2）高等专科毕业
（3）大学本科毕业　　　　　（4）研究生毕业

（二）幼儿园背景变量

1. 幼儿园性质
（1）公办园　　　　　　　　（2）民办园
2. 幼儿园规模
（1）5 个（含）班级以下　　（2）6～9 个班级
（3）10 个（含）班级以上
3. 幼儿园建园园龄
（1）10 年（含）以下　　　（2）11～20 年
（3）21 年（含）以上

（三）自变量与因变量

本研究自变量包括园长正念领导、教师学习文化；因变量为教师专业承诺。

园长正念领导包含健康适性愿景、正向行动调节、互动信任关系、参与践行氛围、管理知能创价5个研究构面。

教师学习文化包含支持信任、资源共享、学习创新3个研究构面。

教师专业承诺包含专业认同、乐业投入、专业成长、留业意愿、专业伦理5个研究构面。

第二节　研究对象

依据2011年辽宁省《幼儿园办园标准（试行）》的规定：幼儿园的建设规模不宜过大，一般宜按6个班、9个班或12个班规模设置，最小规模不得少于3个班。另外，2013年《幼儿园教职工配备标准（暂行）》规定：全日制幼儿园每班配备2名专任教师和1名保育员，或配备3名专任教师；半日制幼儿园每班配备2名专任教师，有条件的可配备1名保育员。考量研究者时间及精力，抽样地域范围不宜过于偏远，并确保样本数量稳定及每种类型幼儿园取样人数相对平衡，本研究主要选取辽宁省城镇幼儿园专任教师及教师兼任行政人员为研究对象取样范围。

本研究以问卷调查进行研究，分为预测问卷和正式问卷调查。问卷调查对象及抽样范围与方式，分述如下。

一、预试问卷调查对象

吴明隆（2014）指出，预试的样本数最好是问卷中包含最多题项数的题项个数（不是整个问卷题项总数）的3~5倍，若是研究者要进行各量表的因素分析，预试对象的人数最好不少于150位。❶ 本研究3个预试分问卷的题项

---

❶ 吴明隆. 论文写作与量化研究［M］. 台北：五南图书出版有限公司，2014.

数分别为25个、15个、25个题项，因此，预试对象的人数应为25题的3~5倍，即75~125人。考量预试的因素分析目的，预试样本抽取数应在150人以上为宜。本研究预试共计发放280份问卷，回收254份，回收率90.7%。剔除填答无效问卷，有效问卷220份，问卷有效率86.6%。

二、正式问卷调查对象

盖伊等（2009）指出，相关研究为了确立有无关系存在，至少需要30名受试者；克雷斯韦尔（2008）认为调查研究约需350人；洛迪科等（2006）进一步指出，如母群体少于200人，则应将整个母群体当作调查样本；如果母群体在400人左右，适当的样本数应占40%；若母群体超过1000人，适当样本数需有20%；5000人或以上的大母群体，样本数在350~500人即可。[1] 吉塞利等（1981）建议，牵涉到问卷的使用时，样本人数不宜少于300；以因素分析为例，样本数约为题数的10倍，如此才能获得较为稳定的统计分析数据。[2]

综合上述取样标准，本研究抽样样本量在350~500人即符合标准。另外，考量本研究因素分析的需要，正式研究工具共计58个题项，样本数的10倍应为580人。权衡问卷回收率及废卷，本研究共计发放898份问卷，回收793份，问卷有效回收率88.3%，剔除无效填答问卷，有效问卷678份，问卷有效率85.5%。其中，幼儿园性质为公办园占41.3%（280人），民办园占58.7%（398人）。幼儿园规模为5个（含）班级以下占25.7%（174人），6~9个班级占35.4%（240人），10个（含）班级以上占38.9%（264人）。样本详细资料如表3-1所示。

❶ 转引自王文科，王智弘. 教育研究法 [M]. 台北：五南图书出版有限公司，2010.
❷ 转引自邱皓政. 量化研究与统计分析 [M]. 台北：五南图书出版有限公司，2007.

表3-1 幼儿园教师背景变量次数分配

背景变量		人数	百分比
性别	男	7	1%
	女	671	99%
年龄	未满30岁	269	40%
	30~39岁	257	38%
	40~49岁	118	17%
	50岁及以上	34	5%
工作年限	未满5年	265	39%
	5~10年	197	29%
	11~15年	79	12%
	16~20年	63	9%
	21年及以上	74	11%
所学专业	学前教育	552	81%
	非学前教育	126	19%
现担任职务	教师	615	91%
	教师兼任行政人员	63	9%
最高学历	中等职业学校（含）以下毕业	117	17%
	高等专科毕业	300	44%
	大学本科毕业	248	37%
	研究生毕业	13	2%
幼儿园性质	公办园	280	41%
	民办园	398	59%
幼儿园规模	5个（含）班级以下	174	26%
	6~9个班级	240	35%
	10个（含）班级以上	264	39%
幼儿园建园园龄	10年（含）以下	249	37%
	11~20年	208	31%
	21年（含）以上	221	32%

上述样本资料中，性别背景中男性幼儿园教师仅为7人，人数较少，占研究总样本数量的1%，这符合幼儿园场域中女性教师较多、男性教师较少的现况。另外，样本的最高学历背景中研究生毕业的幼儿园教师为13人，人数也较少，占研究总样本的2%。依据2019年《中华人民共和国教师法》第11条

的规定，取得幼儿园教师资格，应当具备幼儿师范学校毕业及以上学历，即幼儿园教师需具有中等职业专科学校及以上学历。随着近年来高等教育不断普及，幼儿园教师学历也在不断提高，然而高等教育普及重点为高等专科和大学本科学段，研究生教育尚未进入普及阶段，因此，幼儿园教师仍然以高等专科和大学本科学历为多，研究生学历教师人数在实际场域中比例较少。综上所述，样本资料可以用于数据分析。

第三节　研究工具

本研究以自编的"幼儿园园长正念领导、教师学习文化与专业承诺调查问卷"为研究工具，收集相关资料并做统计分析。问卷调查工具的结构、信效度检核及计分方式，分述如下。

一、预试问卷编制

本研究中"幼儿园园长正念领导、教师学习文化与专业承诺"调查问卷在参酌前述研究者有关问卷的基础上形成。

吴明隆（2014）指出，问卷编制时，依据研究构面编制测量项目，测量项目一般称为题项，预试时各构面的题项数量为4～7题，正式问卷时可保留3～5题。❶ 根据上述题项参考值，编制本研究的问卷工具如下。

（一）基本资料部分

本研究工具基本资料部分包括以下内容。

1. 个人资料：包括性别、年龄、工作年限、所学专业、担任职务、最高学历。

2. 幼儿园资料：包括幼儿园性质、规模、建园园龄。

---

❶ 吴明隆. 论文写作与量化研究［M］. 台北：五南图书出版有限公司，2014.

（二）园长正念领导问卷部分

本研究中园长正念领导调查问卷部分参酌我国台湾地区林新发等 (2011)❶、许丽娟（2015）❷、黄焕超（2017）❸ 的相关研究成果，由研究者自行编制形成。本部分共计 5 个构面，每个构面 5 个题项，共计 25 个题项，如表 3 -2 所示。

表 3 -2　园长正念领导调查问卷题项数分布

研究构面	题号	题项数
1. 健康适性愿景	1 ~ 5	5
2. 正向行动调节	6 ~ 10	5
3. 互动信任关系	11 ~ 15	5
4. 参与践行氛围	15 ~ 20	5
5. 管理知能创价	20 ~ 25	5

（三）教师学习文化问卷部分

本研究中教师学习文化调查问卷部分参酌我国台湾地区李瑞娥（2004）❶、陈木金等（2006）❺、施佩芳（2010）❻、林新发等（2011）❼ 的相关研究成果，由研究者自行编制形成。本部分共计 3 个构面，每个构面 5 个题项，共计 15

---

❶ 林新发，王秀玲，仲秀莲，钟云英，黄秋銮，林佳芬，颜如芳. 两岸三地小学校长正向领导、学习文化对学校创新经营效能影响之研究（Ⅱ）——台北市、上海市、香港地区之比较分析［Z］. 华中师范大学中外教育交流国际学术研讨会，2011.

❷ 许丽娟. 幼儿园园长转型领导、教保人员组织承诺与教学效能关系之研究［D］. 嘉义：嘉义大学，2015.

❸ 黄焕超. 幼儿园教保服务人员知觉的正向领导、心理资本、职场灵性与生命意义感之关联性研究［D］. 高雄：高雄师范大学，2017.

❹ 李瑞娥. "国民学校"终身学习文化、组织学习、组织创新与学校效能关系之研究——学习型学校模型之建构［D］. 高雄：高雄师范大学，2004.

❺ 陈木金，谢紫菱，邱馨仪. "国民小学"的学校学习文化评鉴指标建构之研究［J］. 教育行政与评鉴学刊，2006（1）：51 -82.

❻ 施佩芳. "国民小学"校长知识领导、教师学习文化与教师专业发展之研究［D］. 嘉义：中正大学，2010.

❼ 林新发，王秀玲，仲秀莲，钟云英，黄秋銮，林佳芬，颜如芳. 两岸三地小学校长正向领导、学习文化对学校创新经营效能影响之研究（Ⅱ）——台北市、上海市、香港地区之比较分析［Z］. 华中师范大学中外教育交流国际学术研讨会，2011.

个题项，如表 3 - 3 所示。

表 3 - 3　教师学习文化调查问卷题项数分布

研究构面	题号	题项数
1. 支持信任	26～30	5
2. 资源共享	31～35	5
3. 学习创新	36～40	5

（四）教师专业承诺问卷部分

本研究中教师专业承诺调查问卷部分参酌我国台湾地区杨豪森（2008）[1]、范庆钟（2011）[2]、萧慧君（2013）[3]、张斐莉（2015）[4] 的相关研究成果，由研究者自行编制形成。本部分共计 5 个构面，每个构面 5 个题项，共计 25 个题项，如表 3 - 4 所示。

表 3 - 4　教师专业承诺调查问卷题项数分布

研究构面	题号	题项数
1. 专业认同	41～45	5
2. 乐业投入	46～50	5
3. 专业成长	51～55	5
4. 留业意愿	56～60	5
5. 专业伦理	61～65	5

二、问卷计分方式

本研究问卷采用里克特五点量表。每题均有 5 个选项，选项与计分对应分布如表 3 - 5 所示。

---

[1] 杨豪森. 综合高中校长课程领导、教师专业承诺与教师教学效能关系之研究 [D]. 彰化：彰化师范大学，2008.

[2] 范庆钟. "国民小学" 校长多元架构领导、学校组织健康、教师专业承诺与学校效能关系之研究 [D]. 嘉义：中正大学，2011.

[3] 萧慧君. 学前融合教育教师专业承诺与教学效能之研究 [D]. 台中：台中科技大学，2013.

[4] 张斐莉. 桃园市幼儿园园长道德领导与教师专业承诺关系之研究 [D]. 新竹：新竹教育大学，2015.

· 93 ·

表3-5　问卷选项及计分对应分布

选项	非常符合	大部分符合	有点符合	大部分不符合	非常不符合
计分	5	4	3	2	1

填答者依据个人主观认知，就题项陈述内容进行评估并进行选择，依据其选择结果，自"非常符合""大部分符合""有点符合""大部分不符合""非常不符合"，依序给予5分、4分、3分、2分及1分；反向题则反向计分。填答者在该题项的得分越高，代表受试教师对该题的知觉程度越高；反之，得分越低，则知觉程度越低。

三、问卷题目筛选

（一）专家审题

涂金堂（2012）建议，专家人数可设定在6~10人，为提高问卷的内容效度，专家人数不宜少于5人；除考量专家人数外，专家的背景应多样化，避免只聘请同质性的专家。❶ 因此，研究者在文献探讨基础上，编制问卷初稿，与幼儿园实践场域的园长讨论，参酌其意见进行修正，编制成专家学者审查问卷。函请3位我国台湾地区现职教授、2位大陆现职教授、2位大陆幼儿园现职园长对研究工具的题目与内容加以审查，并提出修正意见。本研究专家检核内容效度学者自然情况如表3-6所示。

表3-6　专家学者自然情况

序号	工作单位及现职	学术专长
A	××学院 教授	学前教育、教师教育
B	××幼儿园 园长	幼儿园管理与园长领导
C	××大学 副教授	教育行政组织、校长学
D	××幼儿园 园长	幼儿园管理与园长领导
E	××大学 教授	教师专业发展、学校经营与管理
F	××大学 教授	师资培训及教育研究方法
G	××学院 教授	学前教育、教师教育

❶ 涂金堂. 量表编制与SPSS［M］. 台北：五南图书出版有限公司，2012.

专家学者审查问卷回收后，依据提供的意见，删除和修订不适合及语意不清的题项，形成预试问卷。

1. 基本资料部分审题。基本资料部分包括性别、年龄、工作年资、所学专业、担任职务、最高学历、幼儿园性质、规模和建园园龄，共计 9 个题项。依据理论专家学者与实务专家的审题意见结果，问卷基本资料部分中第三题"工作总年资"修改为"工作年限"；第五题"担任职务"由 4 个选项修改为2 个选项，即"教师"和"教师兼任行政人员"；第六题"最高学历"中"高中（含）以下毕业"选项修改为"中等职业学校（含）以下毕业"。其余题项问题和选项均保留。第九题"幼儿园建园园龄"中"10 年以下"选项修改为"10 年（含）以下"，"21 年以上"选项修改为"21 年（含）以上"。

2. 园长正念领导问卷审题。园长正念领导问卷包括健康适性愿景、正向行动调节、互动信任关系、参与践行氛围和管理知能创价，共计 5 个研究构面，25 个题项。依据理论专家学者与实务专家审题意见结果，对于专家建议保留的题项予以保留，即保留专家审核问卷中的 1、3、4、5、6、9、13、14、16、19、22、23、24、25 几个题项。专家建议修正后适用的题项，则综合考虑几位专家提供的修正意见和本研究目的予以保留或修正，修正"正向行动调节"构面中的 7、8、10 三个题项；修正"互动信任关系"构面中的 11、12、15 三个题项；修正"参与践行氛围"构面中的 17、18、20 三个题项；修正"管理知能创价"构面中的 21 一个题项。专家建议不适用的题项予以删除，删除"健康适性愿景"构面中题号为 2 的题项。最终，园长正念领导问卷共计 24 个题项，仅删除 1 个题项。

3. 教师学习文化问卷审题。教师学习文化问卷包括支持信任、资源共享和学习创新，共计 3 个研究构面，15 个题项。依据理论专家学者与实务专家审题意见结果，对于专家建议保留的题项予以保留，即保留专家审核问卷中的 1、2、3、4、5、6、7、8、9、11、13 几个题项。专家建议修正后适用的题项，则综合考虑几位专家提供的修正意见和本研究目的予以保留或修正，修正"资源共享"构面中的 10 一个题项；修正"学习创新"构面中的12、14、15 三个题项。教师学习文化问卷共计 15 个题项，专家对于问卷内容与构面架构认同度极高，没有提出删除题项的建议。因此，15 个题项全部保留或修正后保留。

4. 教师专业承诺问卷审题。教师专业承诺问卷包括专业认同、乐业投入、专业成长、留业意愿和专业伦理，共计5个研究构面，25个题项。依据理论专家学者与实务专家审题意见结果，对于专家建议保留的题项予以保留，即保留专家审核问卷中的4、6、7三个题项。专家建议修正后适用的题项，则综合考虑几位专家提供的修正意见和本研究目的予以保留或修正，修正"专业认同"构面中的1、2、3、5四个题项；修正"乐业投入"构面中的8、9、10三个题项；修正"专业成长"构面中的11、12、13、14、15五个题项；修正"留业意愿"构面中的16、17、18、19、20五个题项；修正"专业伦理"构面中的21、22、23、24、25五个题项。教师专业承诺问卷共计25个题项，专家对于问卷内容与构面架构认同度极高，没有提出删除题项的建议。因此，25个题项均保留或修正后保留。

依据专家审题结果及提供的修正意见，对于不适合及语意不清的题项修正后，形成预试问卷。

（二）项目分析

预试问卷回收整理后，对预试问卷数据汇整统计，进行项目分析。项目分析的主要目的在于检验编制的问卷或测验个别题项的适切或可靠程度，项目分析的结果可以作为个别题项筛选或修改的依据。❶ 本研究分别采用极端组比较、题项与总分相关分析与同质性检验进行项目分析确定题项鉴别度。极端组比较以题项决断值作为依据，删除 CR 值未达显著的题项。题项与总分相关分析，如果题项与问卷总分相关系数小于 0.40，表示该题项与问卷间的同质性不高，可以考虑删除该题项。同质性检验考察题项删除后的 α 值，若删除某一个题项后，问卷的内部一致性 α 系数变大，表明此题项与问卷的同质性不高，可以考虑删除此题项。共同性表示题项能解释问卷共同特质或属性的变异量，共同性较低的题项与问卷的同质性较低，该题项可以考虑删除。因素负荷量表示题项与因素关系的程度，因素负荷量越低的题项，题项与问卷的同质性越低，该题项可以考虑删除。

本研究中园长正念领导问卷项目分析摘要见表3-7。

---

❶ 吴明隆. SPSS 操作与应用：问卷统计分析实务 [M]. 台北：五南图书出版有限公司，2009.

表3－7 园长正念领导问卷项目分析摘要

题项	极端组比较	题项与总分相关		同质性检验			未达标准指标数量	备注
	CR 值	题项与总分相关	校正题项与总分相关	题项删除后的 α 值	共同性	因素负荷量		
1	6.573 ***	0.462 **	0.468	0.976	0.245	0.495	3	删除
2	7.582 ***	0.724 **	0.736	0.974	0.580	0.762	0	保留
3	12.497 ***	0.816 **	0.789	0.973	0.655	0.809	0	保留
4	10.915 ***	0.779 **	0.784	0.974	0.642	0.801	0	保留
5	9.074 ***	0.740 **	0.753	0.974	0.606	0.778	0	保留
6	8.676 ***	0.652 **	0.695	0.974	0.521	0.722	0	保留
7	9.379 ***	0.756 **	0.798	0.973	0.674	0.821	0	保留
8	10.289 ***	0.781 **	0.817	0.973	0.697	0.835	0	保留
9	9.449 ***	0.780 **	0.831	0.973	0.723	0.850	0	保留
10	9.056 ***	0.809 **	0.855	0.973	0.762	0.873	0	保留
11	11.195 ***	0.798 **	0.842	0.973	0.735	0.857	0	保留
12	11.291 ***	0.754 **	0.777	0.974	0.634	0.796	0	保留
13	13.689 ***	0.792 **	0.819	0.974	0.695	0.834	0	保留
14	11.052 ***	0.792 **	0.795	0.973	0.660	0.813	0	保留
15	8.490 ***	0.804 **	0.834	0.973	0.730	0.854	0	保留
16	9.429 ***	0.694 **	0.748	0.974	0.591	0.769	0	保留
17	10.276 ***	0.817 **	0.837	0.973	0.727	0.853	0	保留
18	9.656 ***	0.831 **	0.843	0.973	0.735	0.857	0	保留
19	11.140 ***	0.878 **	0.896	0.973	0.824	0.908	0	保留
20	9.579 ***	0.806 **	0.787	0.973	0.648	0.805	0	保留
21	9.656 ***	0.817 **	0.823	0.973	0.707	0.841	0	保留
22	9.537 ***	0.780 **	0.793	0.973	0.658	0.811	0	保留
23	9.504 ***	0.807 **	0.782	0.974	0.644	0.802	0	保留
24	13.527 ***	0.755 **	0.712	0.974	0.541	0.736	0	保留
判准	≥3.000	≥0.400	≥0.400	≤0.975	≥0.200	≥0.450		

** $p < 0.01$，*** $p < 0.001$。

本研究中教师学习文化问卷项目分析摘要见表3-8。

表3-8　教师学习文化问卷项目分析摘要

题项	极端组比较	题项与总分相关		同质性检验			未达标准指标数量	备注
	CR值	题项与总分相关	校正题项与总分相关	题项删除后的α值	共同性	因素负荷量		
25	10.277***	0.744**	0.822	0.940	0.717	0.847	0	保留
26	9.455***	0.736**	0.826	0.940	0.722	0.850	0	保留
27	9.569***	0.698**	0.735	0.942	0.590	0.768	0	保留
28	10.773***	0.791**	0.818	0.941	0.725	0.852	0	保留
29	2.876	0.152*	0.159	0.971	0.030	0.173	6	删除
30	12.205***	0.839**	0.837	0.940	0.777	0.881	0	保留
31	10.432***	0.778**	0.775	0.942	0.674	0.821	0	保留
32	9.804***	0.765**	0.852	0.940	0.784	0.885	0	保留
33	10.374***	0.806**	0.876	0.940	0.838	0.915	0	保留
34	9.863***	0.792**	0.815	0.942	0.746	0.864	0	保留
35	10.967***	0.850**	0.911	0.938	0.886	0.941	0	保留
36	10.445***	0.828**	0.899	0.939	0.853	0.924	0	保留
37	10.771***	0.812**	0.815	0.941	0.724	0.851	0	保留
38	11.506***	0.834**	0.811	0.941	0.732	0.856	0	保留
39	9.374***	0.767**	0.788	0.941	0.689	0.830	0	保留
判准	≥3.000	≥0.400	≥0.400	≤0.946	≥0.200	≥0.450		

$^*p<0.05$，$^{**}p<0.01$，$^{***}p<0.001$。

本研究中教师专业承诺问卷项目分析摘要见表3-9。

表3-9　教师专业承诺问卷项目分析摘要

题项	极端组比较	题项与总分相关		同质性检验			未达标准指标数量	备注
	CR值	题项与总分相关	校正题项与总分相关	题项删除后的α值	共同性	因素负荷量		
40	6.367***	0.715**	0.653	0.935	0.494	0.702	0	保留
41	5.342***	0.477**	0.502	0.936	0.337	0.581	0	保留
42	8.912***	0.704**	0.718	0.933	0.482	0.694	0	保留
43	4.779***	0.382**	0.425	0.937	0.274	0.524	1	保留
44	7.618***	0.668**	0.664	0.934	0.444	0.667	0	保留

续表

题项	极端组比较	题项与总分相关		同质性检验			未达标准指标数量	备注
	CR 值	题项与总分相关	校正题项与总分相关	题项删除后的 α 值	共同性	因素负荷量		
45	8.151***	0.594**	0.664	0.935	0.561	0.749	0	保留
46	8.573***	0.643**	0.706	0.934	0.609	0.780	0	保留
47	10.693***	0.724**	0.812	0.933	0.748	0.865	0	保留
48	8.419***	0.677**	0.752	0.933	0.650	0.806	0	保留
49	8.405***	0.643**	0.707	0.934	0.608	0.780	0	保留
50	10.253***	0.726**	0.761	0.932	0.654	0.808	0	保留
51	8.531***	0.755**	0.749	0.933	0.637	0.798	0	保留
52	8.168***	0.655**	0.761	0.933	0.673	0.820	0	保留
53	10.077***	0.683**	0.743	0.933	0.651	0.807	0	保留
54	10.295***	0.647**	0.705	0.933	0.562	0.750	0	保留
55	10.847***	0.672**	0.755	0.933	0.486	0.697	0	保留
56	10.959***	0.674**	0.745	0.933	0.478	0.691	0	保留
57	11.448***	0.472**	0.479	0.942	0.208	0.457	3	删除
58	12.867***	0.708**	0.707	0.934	0.453	0.673	0	保留
59	12.900***	0.588**	0.638	0.936	0.347	0.589	0	保留
60	3.962***	0.383**	0.413	0.937	0.278	0.527	1	保留
61	3.949***	0.396**	0.426	0.937	0.292	0.541	1	保留
62	5.688***	0.492**	0.491	0.937	0.356	0.597	0	保留
63	4.858***	0.454**	0.498	0.937	0.384	0.620	0	保留
64	5.290***	0.457**	0.528	0.936	0.384	0.620	0	保留
判准	≥3.000	≥0.400	≥0.400	≤0.937	≥0.200	≥0.450		

** $p < 0.01$，*** $p < 0.001$。

综合上述项目分析结果，园长正念领导问卷中题项 1，教师专业承诺问卷中题项 57，经同质性检验，题项删除后问卷的内部一致性 α 系数变大，共同性和因素负荷量检测数据均较低，临近判准指标，故予以删除。教师学习文化问卷中题项 29，经极端组比较、题项与总分相关、同质性检验 6 项检测数据均低于判准指标，故予以删除。教师专业承诺问卷中的题项 43、60、61，均仅有一项检测指标未达标准，即题项与总分相关均低于 0.40，但介于 0.382 ~ 0.396，较接近 0.40。暂时保留该题项，待进一步进行因素分析后决定是否删除。

（三）因素分析

塔巴钦卡、菲德尔（2007）提出：当因素负荷量大于 0.71，是非常理想的情况；当因素负荷量大于 0.63，是非常好的情况；当因素负荷量小于 0.32，是非常不理想的情况，这类题目可以考虑删除。[1] 园长正念领导问卷、教师学习文化问卷与教师专业承诺问卷的因素分析结果分述如下。

1. 园长正念领导问卷因素分析。根据凯撒（1974）的观点，KMO 指标值大于 0.80，表示题项变量间的关系是良好的；KMO 指标值大于 0.90，表示题项变量间的关系是极佳的，题项变量间非常适合进行因素分析。[2] 经检验，园长正念领导问卷的 KMO 值为 0.945。巴特利特球形度检验卡方值为 5818.236（自由度 253），达到显著水平。综合上述两项结果判断，问卷题项适合进行因素分析。

依据上述检定结果，园长正念领导问卷适合进一步进行因素分析考验。经由采取主成分分析及萃取方法，旋转方法采用最大平衡值法，转轴收敛于 75 次叠代后旋转成分矩阵中，依照本研究所需层面数萃取 5 个因素，选取各题大于 0.40 的因素负荷量结果。问卷因素分析各项结果数据，汇报如表 3-10 所示。

表 3-10　园长正念领导问卷因素分析转轴后成分矩阵

研究构面	预试题号	因素 1	因素 2	因素 3	因素 4	因素 5	结果
健康适性愿景	2	0.766					保留
	3	0.603				0.417	保留
	4	0.490		0.503			调位
正向行动调节	5	0.810					调位
	6	0.601	0.461				调位
	7		0.668			0.431	保留
	8		0.648				保留
	9		0.601				保留

[1] 转引自邱皓政. 量化研究与统计分析 [M]. 台北：五南图书出版有限公司，2007.
[2] 吴明隆. SPSS 操作与应用：问卷统计分析实务 [M]. 台北：五南图书出版有限公司，2009.

研究构面	预试题号	因素1	因素2	因素3	因素4	因素5	结果
互动信任关系	10		0.702				调位
	11		0.574	0.464			保留
	12		0.583	0.488			调位
	13			0.734			保留
	14	0.497		0.532	0.433		保留
参与践行氛围	15	0.467	0.539				调位
	16		0.541	0.450			删除
	17			0.402	0.698		保留
	18				0.697		保留
	19				0.644	0.454	保留
管理知能创价	20				0.740		调位
	21				0.676	0.489	调位
	22					0.711	保留
	23					0.756	保留
	24					0.655	保留

综合上述因素负荷量及前述项目分析结果，且依照研究者先前的层面分隔定义，将题项 4、5、6、10、12、15、20、21 进行调位，删除 1、16 两个题项，共计保留 22 个题项。

2. 教师学习文化问卷因素分析。经检验，教师学习文化问卷的 KMO 值为 0.951。巴特利特球形度检验卡方值为 3752.669（自由度 105），达到显著水平。综合上述两项结果判断，问卷题项适合进行因素分析。

依据上述检定结果，教师学习文化问卷适合进一步进行因素分析考验。经由采取主成分分析及萃取方法，旋转方法采用最大平衡值法，依照本研究所需层面数萃取 3 个因素，转轴收敛于 13 次叠代后旋转成分矩阵中，选取各题大于 0.40 的因素负荷量，结果显示问卷共同因素划分与题项设置合理，符合研究者前述的层面界定。本问卷因素分析各项结果数据，汇报如表 3-11 所示。

表 3 – 11   教师学习文化问卷因素分析转轴后成分矩阵

研究构面	预试题号	因素 1	因素 2	因素 3	结果
支持信任	25	0.717	0.438		保留
	26	0.767			保留
	27	0.836			保留
	28	0.641		0.584	保留
资源共享	30	0.488	0.584	0.457	保留
	31		0.859		保留
	32		0.730	0.409	保留
	33		0.731	0.453	保留
	34		0.661	0.504	保留
学习创新	35	0.477		0.594	保留
	36	0.506	0.452	0.640	保留
	37			0.791	保留
	38		0.455	0.783	保留
	39			0.769	保留

综合上述因素负荷量及前述项目分析结果，且依照研究者先前的层面分隔定义，删除题项 29，共计保留 14 个题项。

3. 教师专业承诺问卷因素分析。经检验，教师专业承诺问卷的 KMO 值为 0.920。巴特利特球形度检验卡方值为 4696.364（自由度 300），达到显著水平。综合上述两项结果判断，问卷题项适合进行因素分析。

依据上述检定结果，教师专业承诺问卷适合进一步进行因素分析考验。经由采取主成分分析及萃取方法，旋转方法采用最大平衡值法，依照本研究所需层面数萃取 5 个因素，转轴收敛于 12 次叠代后旋转成分矩阵中，选取各题大于 0.40 的因素负荷量，结果显示问卷共同因素划分与题项设置较合理，符合研究者前述的层面界定。本问卷因素分析各项结果数据，汇报如表 3 – 12 所示。

表 3-12 教师专业承诺问卷因素分析转轴后成分矩阵

研究构面	预试题号	因素 1	因素 2	因素 3	因素 4	因素 5	结果
专业认同	40	0.751					保留
	41	0.704					保留
	42	0.558			0.657		保留
	43		0.629				删除
	44	0.526			0.504		删除
乐业投入	45		0.680				保留
	46		0.662				保留
	47		0.596	0.512			保留
	48		0.622	0.480			保留
	49		0.562	0.449			保留
专业成长	50			0.761			保留
	51	0.468		0.645			保留
	52			0.755			保留
	53			0.773			保留
	54			0.733			保留
留业意愿	55				0.847		保留
	56				0.853		保留
	58				0.746		保留
	59				0.775		保留
专业伦理	60					0.771	保留
	61					0.789	保留
	62					0.766	保留
	63					0.783	保留
	64					0.731	保留

综合上述因素负荷量及前述项目分析结果，且依照研究者先前的层面分隔定义，删除题项 43、44、57，共计保留 22 个题项。

四、问卷信效度

（一）信度分析

本研究以内部一致性分析考验问卷信度。考察每一个研究构面的克隆巴赫系数（$0 < \alpha \leq 1$）。采 0.70 作为 α 的最低可接受值。问卷各构面及整体信度分析摘要如表 3 – 13 所示。

表 3 – 13　信度分析摘要

变量	研究构面	各构面 α 值	问卷整体 α 值
园长正念领导	健康适性愿景	0.884	0.977
	正向行动调节	0.954	
	互动信任关系	0.882	
	参与践行氛围	0.941	
	管理知能创价	0.841	
教师学习文化	支持信任	0.881	0.968
	资源共享	0.944	
	学习创新	0.948	
教师专业承诺	专业认同	0.804	0.940
	乐业投入	0.911	
	专业成长	0.903	
	留业意愿	0.824	
	专业伦理	0.914	

园长正念领导问卷的 α 值为 0.977，教师学习文化问卷的 α 值为 0.968，教师专业承诺问卷的 α 值为 0.940。园长正念领导、教师学习文化与专业承诺问卷的整体 α 值为 0.983。整体而言，本研究问卷整体及各分问卷均属于高信度系数，表示研究问卷具有良好的内部一致性信度，为较理想的研究工具。

（二）建构效度

1. 探索性因素分析。本研究预试施测后，汇整数据以探索性因素分析考验问卷建构效度。依据黑尔（1998）提出之标准，在社会科学领域中，所萃取的共同因素累积解释变异量能达到 60% 以上，表示共同因素是可靠的；若是共同因素累积解释变异量在 50% 以上，因素分析结果也可以接受。❶ 依据上述判定标准，本研究拟定以因素负荷量大于 0.40，累积解释变异量达 60% 以上进行问卷建构效度检测判定标准。园长正念领导问卷、教师学习文化问卷与教师专业承诺问卷效度分析结果分述如下。

（1）园长正念领导问卷探索性因素分析。经题目筛选后，重新编码形成园长正念领导正式问卷，5 个研究构面因素负荷量均大于 0.40，特征值分别为 3.391、3.753、3.717、3.485 和 3.286，累积解释变异量为 82.60%。预试问卷与正式问卷题号对应及探索性因素分析摘要，如表 3-14 所示。

表 3-14　园长正念领导正式问卷题号及探索性因素分析摘要

研究构面	预试题号	正式问卷题号	因素1	因素2	因素3	因素4	因素5	特征值	累积解释变异量
健康适性愿景	2	1	0.768					3.391	
	3	2	0.598						
	5	3	0.811						
	6	4	0.605						
正向行动调节	7	5		0.667				3.753	
	8	6		0.672					
	9	7		0.601					
	10	8		0.715					
	12	9		0.621					
	15	10		0.542					82.60%
互动信任关系	4	11			0.522			3.717	
	11	12			0.429				
	13	13			0.722				
	14	14			0.554				
参与践行氛围	17	15				0.702		3.485	
	18	16				0.692			
	19	17				0.633			
	20	18				0.729			
	21	19				0.682			

❶ 转引自吴明隆. SPSS 操作与应用：问卷统计分析实务［M］. 台北：五南图书出版有限公司，2009.

续表

研究构面	预试题号	正式问卷题号	因素1	因素2	因素3	因素4	因素5	特征值	累积解释变异量
管理知能创价	22	20					0.715		
	23	21					0.747	3.286	82.60%
	24	22					0.625		

（2）教师学习文化问卷探索性因素分析。经题目筛选后，重新编码形成教师学习文化正式问卷，3个研究构面特征值分别为4.105、3.971和3.776，累积解释变异量为84.66%。预试问卷与正式问卷题号对应及探索性因素分析摘要，如表3-15所示。

表3-15 教师学习文化正式问卷题号及探索性因素分析摘要

研究构面	预试题号	正式问卷题号	因素1	因素2	因素3	特征值	累积解释变异量
支持信任	25	23	0.717				
	26	24	0.767			4.105	
	27	25	0.836				
	28	26	0.641				
资源共享	30	27		0.584			
	31	28		0.859			
	32	29		0.730		3.971	84.66%
	33	30		0.731			
	34	31		0.661			
学习创新	35	32			0.594		
	36	33			0.640		
	37	34			0.791	3.776	
	38	35			0.783		
	39	36			0.769		

（3）教师专业承诺问卷探索性因素分析。经题目筛选后，重新编码形成教师专业承诺正式问卷，5个研究构面特征值分别为3.745、3.641、3.597、3.359和2.654，累积解释变异量为77.25%。预试问卷与正式问卷题号对应及探索性因素分析摘要，如表3-16所示。

表 3 – 16 教师专业承诺正式问卷题号及探索性因素分析摘要

研究构面	预试题号	正式问卷题号	因素 1	因素 2	因素 3	因素 4	因素 5	特征值	累积解释变异量
专业认同	40	37	0.746					3.745	
	41	38	0.776						
	42	39	0.511						
乐业投入	45	40		0.628				3.641	
	46	41		0.744					
	47	42		0.647					
	48	43		0.717					
	49	44		0.667					
专业成长	50	45			0.741			3.597	77.25%
	51	46			0.534				
	52	47			0.750				
	53	48			0.805				
	54	49			0.785				
留业意愿	55	50				0.839		3.359	
	56	51				0.847			
	58	52				0.739			
	59	53				0.793			
专业伦理	60	54					0.759	2.654	
	61	55					0.805		
	62	56					0.772		
	63	57					0.795		
	64	58					0.701		

2. 验证性因素分析。本研究正式施测后，汇整数据以验证性因素分析进一步考察问卷建构效度，分述如下。

（1）园长正念领导问卷验证性因素分析。

① 基本适配度检验。由表 3 – 17 基本适配度检定结果可知，园长正念领导问卷一阶验证性因素分析模型的基本适配指标均达到检验标准，表示估计结果的基本适配指标良好，没有违反模型辨认规则。

表3-17 园长正念领导验证性因素分析基本适配度检定摘要

评鉴项目	检定结果	适配判断
是否没有负的误差变异量	均为正数	是
因素负荷量是否介于0.50~0.95	0.74~0.93	是
是否没有很大的标准误	0.025~0.061	是

② 整体模型适配度检验。园长正念领导问卷整体模型适配检定一阶验证性因素分析模式图，如图3-2所示。

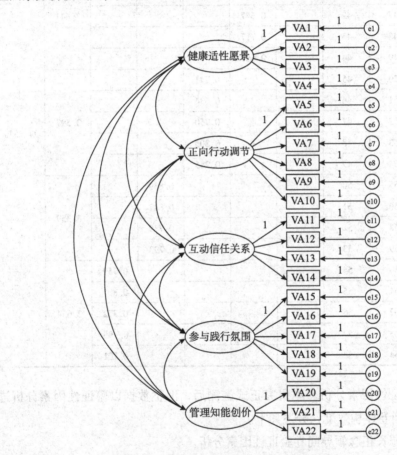

图3-2 园长正念领导一阶验证性因素分析

园长正念领导问卷一阶验证性因素分析整体模型适配度检定结果摘要，如表3-18所示。

表3−18 园长正念领导一阶验证性因素分析整体模型适配度检定摘要

统计检定量		适配标准或临界值	检定结果数据	适配判断
绝对适配度指数	x^2 值	$p > 0.05$	1325.925（$p = 0.000 < 0.05$）	否
	RMR 值	< 0.05	0.017	是
	RMSEA 值	< 0.05（佳） $0.05 \sim 0.08$（尚可） $0.08 \sim 0.10$（普通）	0.091	是（普通）
	GFI 值	> 0.90（佳） > 0.80（尚可）	0.847	是（尚可）
	AGFI 值	> 0.90（佳） > 0.80（尚可）	0.806	是（尚可）
增值适配度指数	NFI 值	> 0.90	0.922	是
	RFI 值	> 0.90	0.909	是
	IFI 值	> 0.90	0.933	是
	TLI 值	> 0.90	0.922	是
	CFI 值	> 0.90	0.932	是
简约适配度指数	PGFI 值	> 0.50	0.667	是
	PNFI 值	> 0.50	0.794	是
	PCFI 值	> 0.50	0.803	是
	CN 值	> 200	119	否
	x^2/df	< 5	6.663	否

由图3−2、表3−18可知，园长正念领导问卷15项检定指标，有12项已达到检定标准，模型已为可接受模型。尚有3项未达可接受指标，可以进一步修正。因此，根据Amos所提供修正指标进行模型修正。园长正念领导问卷修正后，14项适配指标值均达模型可接受的标准，模型的外在质量佳。

③聚敛效度检验。依据因素负荷量、信度系数、平均变异数抽取量、组合信度几项指标进行聚敛效度检定。从表3−19中的数据可知：园长正念领导问卷经修正后，"健康适性愿景""正向行动调节""互动信任关系""参与践行氛围""管理知能创价"5个研究构面题项的因素负荷量介于0.761～0.931，信度系数介于0.579～0.867，平均变异数抽取量介于0.654～0.796，组合信度介于0.876～0.952，均达到适配标准。并且，所有参数的估计值均达到显著水平（$p < 0.05$），显示本问卷聚敛效度较佳，信度也较佳，内在质

量较理想。

表 3 - 19　园长正念领导聚敛效度检定摘要

研究构面	因素负荷量	信度系数	平均变异数抽取量	组合信度
健康适性愿景	0.764 ~ 0.867	0.584 ~ 0.751	0.654	0.883
正向行动调节	0.832 ~ 0.909	0.692 ~ 0.827	0.769	0.952
互动信任关系	0.768 ~ 0.868	0.590 ~ 0.753	0.666	0.888
参与践行氛围	0.867 ~ 0.931	0.752 ~ 0.867	0.796	0.951
管理知能创价	0.761 ~ 0.891	0.579 ~ 0.794	0.703	0.876
检定标准	>0.50（尚可） >0.70（较佳）	>0.50	>0.50	>0.60

④ 区别效度检验。以 x^2 差异检验法判别问卷是否具有区别效度。由表 3 - 20 可知：园长正念领导问卷中"健康适性愿景""正向行动调节""互动信任关系""参与践行氛围""管理知能创价"两两构面分别进行受限模型与未受限模型比较，x^2 值差异量达到显著水平（$p < 0.001$），表明 5 个研究构面中每两个研究构面间均为不完全相关，问卷区别效度较佳，内在质量较理想。

表 3 - 20　园长正念领导区别效度检定摘要

研究构面	未受限模型（A）			受限模型（B）			B - A	
	ρ	df	x^2	ρ	df	x^2	x^2 差异量	df 差异量
健康适性愿景/正向行动调节	1.00	24	39.831	0.91	25	138.343	98.513 ***	1
健康适性愿景/互动信任关系	1.00	12	43.560	0.92	13	112.332	68.772 ***	1
健康适性愿景/参与践行氛围	1.00	9	19.951	0.90	10	121.187	101.237 ***	1
健康适性愿景/管理知能创价	1.00	8	30.446	0.84	9	199.445	169.000 ***	1

续表

研究构面	未受限模型（A）			受限模型（B）			B－A	
	ρ	df	x^2	ρ	df	x^2	x^2 差异量	df 差异量
正向行动调节/互动信任关系	1.00	22	93.133	0.96	23	147.763	54.630 ***	1
正向行动调节/参与践行氛围	1.00	31	60.267	0.93	32	302.012	241.746 ***	1
正向行动调节/管理知能创价	1.00	18	30.714	0.90	19	182.681	151.967 ***	1
互动信任关系/参与践行氛围	1.00	20	75.262	0.96	21	117.554	42.291 ***	1
互动信任关系/管理知能创价	1.00	10	42.781	0.91	11	127.393	84.612 ***	1
参加践行氛围/管理知能创价	1.00	10	24.853	0.94	11	99.891	75.038 ***	1

*** $p < 0.001$。

（2）教师学习文化验证性因素分析。

① 基本适配度检验。由表3－21基本适配度检定结果可知，教师学习文化问卷一阶验证性因素分析模型的基本适配指标均达到检验标准，表示估计结果的基本适配指标良好，没有违反模型辨认规则。

表3－21　教师学习文化验证性因素分析基本适配度检定摘要

评鉴项目	检定结果	模式适配判断
是否没有负的误差变异量	均为正数	是
因素负荷量是否介于0.50~0.95	0.69~0.93	是
是否没有很大的标准误	0.022~0.041	是

② 整体模型适配度检验。教师学习文化问卷整体模型适配检定一阶验证性因素分析模式图，如图3－3所示。

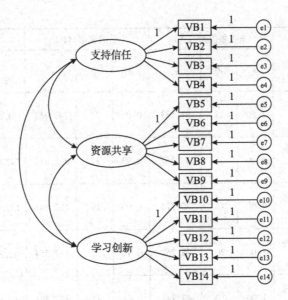

图 3 - 3　教师学习文化一阶验证性因素分析

教师学习文化问卷一阶验证性因素分析整体模型适配度检定结果摘要如表 3 - 22 所示。

表 3 - 22　教师学习文化一阶验证性因素分析整体模型适配度检定摘要

统计检定量		适配标准或临界值	检定结果数据	适配判断
绝对适配度指数	x^2 值	$p > 0.05$	516.864（$p = 0.000 < 0.05$）	否
	RMR 值	< 0.05	0.017	是
	RMSEA 值	< 0.05（佳） $0.05 \sim 0.08$（尚可） $0.08 \sim 0.10$（普通）	0.094	是（普通）
	GFI 值	> 0.90（佳） > 0.80（尚可）	0.900	是（尚可）
	AGFI 值	> 0.90（佳） > 0.80（尚可）	0.858	是（尚可）
增值适配度指数	NFI 值	> 0.90	0.951	是
	RFI 值	> 0.90	0.940	是
	IFI 值	> 0.90	0.958	是
	TLI 值	> 0.90	0.948	是
	CFI 值	> 0.90	0.958	是

续表

统计检定量		适配标准或临界值	检定结果数据	适配判断
简约适配度指数	PGFI 值	> 0.50	0.634	是
	PNFI 值	> 0.50	0.773	是
	PCFI 值	> 0.50	0.779	是
	CN 值	> 200	125	否
	x^2/df	< 5	6.985	否

由图 3-3、表 3-22 可知，教师学习文化问卷 15 项检定指标，有 12 项已达到检定标准，模型已为可接受模型。尚有 3 项未达可接受指标，可以进一步修正。根据 Amos 所提供的修正指标进行模型修正后，各项适配指标值均达模型可接受的标准，模型的外在质量佳。

③ 聚敛效度检验。由表 3-23 中的数值可知：教师学习文化问卷经修正后，"支持信任""资源共享""学习创新"三个研究构面题项的因素负荷量介于 0.683~0.952，信度系数介于 0.466~0.906，平均变异数抽取量介于 0.675~0.775，组合信度介于 0.892~0.945，仅"支持信任"构面中 35 题项信度系数略小于 0.50 检定标准，但与检定标准较接近，其余题项信度系数均大于 0.50，参数估计值均达到适配标准，且所有参数的估计值均达到显著水平（$p<0.05$），显示本问卷聚敛效度较佳，信度也较佳，内在质量较好。

表 3-23 教师学习文化聚敛效度检定摘要

研究构面	因素负荷量	信度系数	平均变异数抽取量	组合信度
支持信任	0.683~0.874	0.466~0.765	0.675	0.892
资源共享	0.829~0.907	0.688~0.822	0.775	0.945
学习创新	0.798~0.952	0.636~0.906	0.763	0.941
检定标准	> 0.50（尚可） > 0.70（较佳）	> 0.50	> 0.50	> 0.60

④ 区别效度检验。以 x^2 差异检验法判别问卷是否具有区别效度。由表 3-24 可知：教师学习文化问卷中"支持信任""资源共享""学习创新"两两构面分别进行受限模型与未受限模型比较，x^2 值差异量达显著水平（$p<$

0.001)，表明三个研究构面中每两个研究构面间均为不完全相关，问卷区别效度较佳，内在质量较理想。

表3-24　教师学习文化区别效度检定摘要

研究构面	未受限模型（A）			受限模型（B）			（B－A）	
	ρ	df	x^2	ρ	df	x^2	x^2 差异量	df 差异量
支持信任 资源共享	1.00	20	37.631	0.87	21	269.370	231.739 ***	1
支持信任 学习创新	1.00	15	31.373	0.88	16	237.547	206.174 ***	1
资源共享 学习创新	1.00	23	30.733	0.95	24	146.338	115.605 ***	1

*** $p < 0.001$。

（3）教师专业承诺验证性因素分析。

① 基本适配度检验。由表3-25基本适配度检定结果可知，教师专业承诺问卷一阶验证性因素分析模型的基本适配指标均达到检验标准，表示估计结果的基本适配指标良好，没有违反模型辨认规则。

表3-25　教师专业承诺验证性因素分析基本适配度检定摘要

评鉴项目	检定结果	模式适配判断
是否没有负的误差变异量	均为正数	是
因素负荷量是否介于0.50~0.95	0.58~0.91	是
是否没有很大的标准误	0.031~0.056	是

② 整体模型适配度检验。教师专业承诺问卷整体模型适配检定一阶验证性因素分析模式图，如图3-4所示。

教师专业承诺问卷一阶验证性因素分析整体模型适配度检定结果摘要见表3-26。

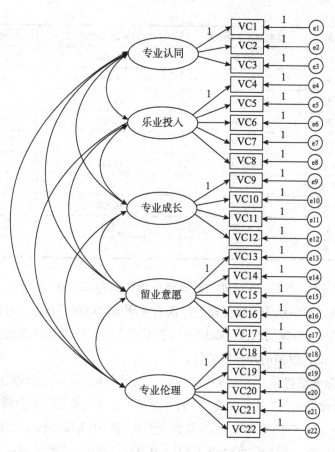

图 3 - 4 教师专业承诺一阶验证性因素分析

表 3 - 26 教师专业承诺一阶验证性因素分析整体适配度检定摘要

统计检定量		适配标准或临界值	检定结果数据	适配判断
	x^2 值	$p > 0.05$	1219.783（$p = 0.000 < 0.05$）	否
	RMR 值	< 0.05	0.023	是
绝对适配度指数	RMSEA 值	< 0.05（佳） $0.05 \sim 0.08$（尚可） $0.08 \sim 0.10$（普通）	0.087	是（普通）
	GFI 值	> 0.90（佳） > 0.80（尚可）	0.855	是（尚可）
	AGFI 值	> 0.90（佳） > 0.80（尚可）	0.815	是（尚可）

续表

统计检定量		适配标准或临界值	检定结果数据	适配判断
增值适配度指数	NFI 值	>0.90	0.900	是
	RFI 值	>0.90	0.884	否
	IFI 值	>0.90	0.915	是
	TLI 值	>0.90	0.901	是
	CFI 值	>0.90	0.915	是
简约适配度指数	PGFI 值	>0.50	0.672	是
	PNFI 值	>0.50	0.775	是
	PCFI 值	>0.50	0.788	是
	CN 值	>200	130	否
	x^2/df	<5	6.13	否

由图 3 - 4、表 3 - 26 可知，教师专业承诺问卷 15 项检定指标，有 11 项已达检定标准，模型已为可接受模型。尚有 4 项未达可接受指标，可以进一步修正。根据 Amos 所提供的修正指标进行模型修正后，各项适配指标值均达模型可接受的标准，模型的外在质量佳。

③ 聚敛效度检验。由表 3 - 27 可知：教师专业承诺问卷经修正后，"专业认同""乐业投入""专业成长""留业意愿""专业伦理"5 个研究构面的因素负荷量介于 0.598 ~ 0.912，信度系数介于 0.358 ~ 0.832，平均变异数抽取量介于 0.587 ~ 0.704，组合信度介于 0.821 ~ 0.922，其中，"留业意愿"构面中题项 62、63 的信度系数小于 0.50 检定标准，其余题项信度系数均大于 0.50，估计值均达到适配标准，并且所有参数的估计值均达到显著水平（$p < 0.05$），显示本问卷聚敛效度尚可接受，信度也较佳，内在质量良好。

表 3 - 27　教师专业承诺聚敛效度检定摘要

研究构面	因素负荷量	信度系数	平均变异数抽取量	组合信度
专业认同	0.717 ~ 0.832	0.514 ~ 0.692	0.605	0.821
乐业投入	0.780 ~ 0.877	0.609 ~ 0.768	0.690	0.918
专业成长	0.710 ~ 0.889	0.504 ~ 0.790	0.648	0.901
留业意愿	0.598 ~ 0.912	0.358 ~ 0.832	0.587	0.847
专业伦理	0.778 ~ 0.887	0.605 ~ 0.787	0.704	0.922
检定标准	>0.50（尚可） >0.70（较佳）	>0.50	>0.50	>0.60

④ 区别效度检验。以 x^2 差异检验法判别问卷是否具有区别效度。由表 3 – 28 可知：教师专业承诺问卷中"专业认同""乐业投入""专业成长""留业意愿""专业伦理"两两构面分别进行受限模型与未受限模型比较，x^2 值差异量达显著水平（$p < 0.001$），表明 5 个研究构面中每 2 个研究构面间均为不完全相关，问卷区别效度较佳，内在质量较理想。

表 3 – 28　教师专业承诺区别效度检定摘要

研究构面	未受限模型（A）			受限模型（B）			（B – A）	
	ρ	df	x^2	ρ	df	x^2	x^2 差异量	df 差异量
专业认同 乐业投入	1.00	13	40.366	0.86	14	149.177	108.811***	1
专业认同 专业成长	1.00	13	47.360	0.80	14	217.907	170.547***	1
专业认同 留业意愿	1.00	3	1.463	0.56	4	208.536	207.073***	1
专业认同 专业伦理	1.00	14	78.805	0.62	15	481.068	402.263***	1
乐业投入 专业成长	1.00	21	55.362	0.89	22	194.246	138.884***	1
乐业投入 留业意愿	1.00	19	30.863	0.67	20	554.371	523.509***	1
乐业投入 专业伦理	1.00	24	114.056	0.72	25	770.211	656.155***	1
专业成长 留业意愿	1.00	19	51.971	0.65	20	606.116	554.145***	1
专业成长 专业伦理	1.00	26	89.133	0.69	27	817.683	728.550***	1
留业意愿 专业伦理	1.00	20	50.920	0.43	21	911.981	861.061***	1

*** $p < 0.001$。

第四节　实施程序

本研究以幼儿园现职专任教师为调查对象，因调查对象工作期间尚有班级幼儿需要照护，难以集中施测，为确保问卷回收率，采取委托发放与网络推送问卷，填答完成后直接回收方式进行。

一、发放问卷

本研究"幼儿园园长正念领导、教师学习文化与专业承诺调查问卷"经初步设计完成后，寄发给 7 位专家进行预试问卷内容效度检定，修正后形成预试问卷并发放实施预试。

二、回收问卷

预试问卷填答完成后，汇整预试问卷，将预试问卷数据编码建档进行分析。经项目分析、因素分析、信度分析检测后，删除鉴别度较低与问卷同质性较低的题项，对保留的题项重新编码题号，形成正式问卷。

三、催收问卷

发放正式问卷进行研究测试，由研究者亲自递送或网络推送问卷进行填答，采委托发放回寄或网络直接回收方式回收问卷。检核有效问卷回收率，剔除无效问卷，进行编码建档，以备进一步的资料统计分析。

四、整理问卷

将上述所收集到的有效问卷资料输入计算机系统，检核数据无误，形成研究数据资料文档，用 SPSS 与 Amos 软件进一步进行数据资料分析。

第五节　资料处理

回收问卷并进行分类整理与删除无效问卷，将有效问卷的基本资料、幼儿园教师觉知园长正念领导、教师学习文化、教师专业承诺的资料进行编码并输入计算机中建立档案资料进行存储，数据资料的分析采用 SPSS 统计分析软件与 Amos 结构方程模型分析软件，最终完成本研究的统计与资料分析工作。

一、平均数、标准差分析

采用平均数、标准差统计方法，分析不同背景变量幼儿园教师知觉园长正念领导、教师学习文化、教师专业承诺的现况。考察数据，标准差越小，被试认定和认同的态度越趋向一致；标准差越大，个别差异性就越大。

二、回归分析

本研究分别采用多元回归分析、简单回归分析和逐步回归分析，考验三个变量之间的差异情形及预测情形。

（一）多元回归分析

陈顺宇（2000）认为，变异数分析的 F 值，是检定 H_0：$\mu_1 = \mu_2 = \mu_3 = \mu_4$，当 H_0 不显著时，表示因变量的平均数不受自变量的这 4 个水平影响；回归分析的 F 值，是检定 H_0：$\beta = 0$。当 $\beta = 0$ 不显著时，表示因变量的平均数不受自变量各种水平的影响。当两种分析的 R^2 较接近时，利用回归分析较佳，由于回归模式较简化，只有 2 个参数，而变异数分析依据不同组别，会有不同数量的参数。

考量本研究的目的为验证三个变量的结构方程模型及教师学习文化的中介效应，为达成进行较简洁篇幅分析的同时也能获知差异情形的目标，采用多元回归分析探讨不同背景变量差异情形。虽然回归分析较常用作预测分析，变异数分析较常作为差异分析，多元回归分析也可通过考验模型显著性及回归系数进行差异检验。本研究采用多元回归分析探讨如下问题。

1. 教师不同个人背景变量、幼儿园背景变量，园长正念领导是否有显著差异？

2. 教师不同个人背景变量、幼儿园背景变量，教师学习文化是否有显著差异？

3. 教师不同个人背景变量、幼儿园背景变量，教师专业承诺是否有显著差异？

（二）简单回归分析

本研究采用简单回归分析探讨如下问题。

1. 园长正念领导整体对教师学习文化整体及各构面的预测力。

2. 园长正念领导整体对教师专业承诺整体及各构面的预测力。

3. 教师学习文化整体对教师专业承诺整体及各构面的预测力。

（三）逐步回归分析

本研究采用逐步回归分析探讨如下问题。

1. 园长正念领导各构面对教师学习文化整体及各构面的预测力。

2. 园长正念领导各构面对教师专业承诺整体及各构面的预测力。

3. 教师学习文化各构面对教师专业承诺整体及各构面的预测力。

三、皮尔逊积差相关分析

采用皮尔逊积差相关统计方法，分别就幼儿园园长正念领导、教师学习文化与专业承诺进行两两配对分析，以验证园长正念领导、教师学习文化与专业承诺两两变量之间是否有相关情形。考察其相关系数 r 值的绝对值，以 0.400 和 0.700 为级距参考标准（0.400 以下为低度相关，0.400～0.700 为中度相关，0.700 以上为高度相关）❶，并考察是否达显著水平。本研究采用皮尔逊积差相关分析探讨如下问题。

1. 园长正念领导与教师学习文化之间的相关情形。

---

❶ 邱皓政. 量化研究与统计分析 [M]. 台北：五南图书出版有限公司，2007.

2. 园长正念领导与教师专业承诺之间的相关情形。

3. 教师学习文化与教师专业承诺之间的相关情形。

四、SEM 结构方程模型

采用 SEM 结构方程模型探讨如下问题。

1. 幼儿园园长正念领导、教师学习文化与专业承诺各层面关系模型是否成立。

2. 幼儿园园长正念领导、教师学习文化与教师专业承诺的关系模型及其适配度。

用 SEM 结构方程模型考察潜在自变量（园长正念领导、教师学习文化）与潜在因变量（教师专业承诺）之间的线性关系，进行中介变量分析。验证以教师学习文化为中介变量，关系模型的适配性及其直接和间接效果。

第四章　研究结果分析与讨论

本章研究结果分析与讨论，根据问卷调查获得的样本资料，采用 SPSS 与 Amos 软件进行统计分析。第一节为幼儿园园长正念领导、教师学习文化与专业承诺的现况分析；第二节为幼儿园园长正念领导、教师学习文化与专业承诺的差异分析；第三节为幼儿园园长正念领导、教师学习文化与专业承诺的相关与预测分析；第四节探究幼儿园园长正念领导、教师学习文化与专业承诺的结构方程模型分析。

第一节　幼儿园园长正念领导、教师学习文化与专业承诺的现况分析

本节以平均数、标准差的统计方法探讨幼儿园园长正念领导、教师学习文化与教师专业承诺的现况，并提出综合讨论。

一、幼儿园园长正念领导的现况分析

"幼儿园园长正念领导问卷"包括"健康适性愿景"4 个题项、"正向行动调节"6 个题项、"互动信任关系"4 个题项、"参与践行氛围"5 个题项、"管理知能创价"3 个题项，共计 5 个研究构面，22 个题项。每一题所得平均分数越高，则表示教师知觉园长正念领导的程度越高；反之，每一题所得平均分数越低，则表示教师知觉园长正念领导的程度越低。每一题项以"非常符合""大部分符合""有点符合""大部分不符合""非常不符合"分别给予 5 分、4 分、3 分、2 分、1 分。平均分数介于 1～2 分者，其知觉园长正念领导

的程度为"低";介于 2.01~3 分者,其知觉园长正念领导的程度为"中低";介于 3.01~4 分者,其知觉园长正念领导的程度为"中高";介于 4.01~5 分者,其知觉园长正念领导的程度为"高"。

(一)幼儿园园长正念领导整体及各构面的现况

"幼儿园园长正念领导"现况见表 4-1。

表 4-1　幼儿园园长正念领导各构面得分的平均数与标准差摘要 ($N=678$)

构面名称	题数	单题平均数	标准差	排序
健康适性愿景	4	4.73	0.547	1
正向行动调节	6	4.70	0.617	2
互动信任关系	4	4.62	0.681	4
参与践行氛围	5	4.69	0.639	3
管理知能创价	3	4.61	0.701	5
园长正念领导问卷整体	22	4.67	0.591	—

由表 4-1 可知,各分构面平均数分别为:"健康适性愿景"构面得分 4.73;"正向行动调节"构面得分 4.70;"互动信任关系"构面得分 4.62;"参与践行氛围"构面得分 4.69;"管理知能创价"构面得分 4.61。5 个研究构面整体平均数得分 4.67。可见,各分构面及整体构面,在五点量表中皆达高程度,即幼儿园教师知觉园长正念领导的现况均为高表现程度,园长在园所领导实务中表现出的正念领导为高程度。已有关于园长领导的研究成果中,未见对园长正念领导的相关研究及实证性研究,而正向领导与正念领导均以正向心理学为理论基础,正向领导理论亦为本研究的理论基础,因此,本研究在对园长正念领导现况进行讨论时,纳入已有的正向领导相关成果进行比较分析与讨论。本研究结果与许雅惠(2016)、黄焕超(2017)对幼儿园园长正向领导行为的研究发现类似。许雅惠 2016 年以我国台湾地区新北市公立幼儿园教保服务人员为研究对象,发现公立幼儿园教保服务人员知觉幼儿园主管正向领导属于中上程度;黄焕超 2017 年以我国台湾地区北、中、南、东 4 个行政区域幼儿园教保服务人员为研究对象,发现幼儿园教保服务人员知觉园长正向领导属中上偏高程度。由上可知,幼儿园园长正向领导在园所实践中属中高程度,而本研究园长正念领导的结论与上述研究结论一致。

（二）幼儿园园长正念领导各题项的现况

"幼儿园园长正念领导问卷"包括"健康适性愿景"4个题项、"正向行动调节"6个题项、"互动信任关系"4个题项、"参与践行氛围"5个题项、"管理知能创价"3个题项，共计22个题项。由表4-1可知，5个研究构面的平均得分高低依序为"健康适性愿景"（$M=4.73$）、"正向行动调节"（$M=4.70$）、"参与践行氛围"（$M=4.69$）、"互动信任关系"（$M=4.62$）、"管理知能创价"（$M=4.61$）。5个构面各题项的现况分述如下。

1. "健康适性愿景"构面题项的现况。"健康适性愿景"构面包括4个题项，现况见表4-2。

表4-2　健康适性愿景构面各题项的平均数与标准差摘要（$N=678$）

构面题项	平均数	标准差	排序
题项1	4.77	0.583	1
题项2	4.68	0.710	4
题项3	4.75	0.592	2
题项4	4.70	0.646	3
构面整体	4.73	0.547	—

由表4-2可知，幼儿园园长正念领导的"健康适性愿景"构面整体得分为4.73，标准差为0.547，表明幼儿园教师知觉园长的健康适性愿景领导整体呈现高程度。单题得分最高的题项为第1题"本园各项活动能以促进幼儿健康成长为目标"，表明幼儿园教师知觉本园的各项活动与幼儿园教育目标符应程度较高。第2题"本园教师对本园的未来发展充满期待和信心"得分相对最低，表明教师对幼儿园未来发展前景知觉较低、信心不足。

2. "正向行动调节"构面题项的现况。"正向行动调节"构面包括6个题项，现况见表4-3。

表4-3　正向行动调节构面各题项的平均数与标准差摘要（$N=678$）

构面题项	平均数	标准差	排序
题项5	4.67	0.717	5
题项6	4.70	0.693	4

构面题项	平均数	标准差	排序
题项 7	4.67	0.740	5
题项 8	4.73	0.660	2
题项 9	4.71	0.644	3
题项 10	4.74	0.647	1
构面整体	4.70	0.617	—

由表4-3可知，幼儿园园长正念领导的"正向行动调节"构面整体得分为4.70，标准差为0.617，表明幼儿园教师知觉园长正向行动调节整体呈现高程度。单题得分最高的题项为第10题"园长以身作则，以展现对幼儿园规章制度的执行力"，表明幼儿园教师知觉园长表率作用，带头执行幼儿园各项规章制度，克己自律程度较高。第5题"园长与教师沟通时，能够以鼓励、支持性语言取代批评、指责性语言"与第7题"园长能够对教师的工作表现给予及时的反馈"得分相对最低，表明幼儿园园长在与教师沟通和交流中，行政管理、任务分配式领导行为较多，正向鼓励及沟通反馈式行为不足。

3. "互动信任关系"构面题项的现况。"互动信任关系"构面包括4个题项，现况见表4-4。

表4-4　互动信任关系构面各题项的平均数与标准差摘要($N=678$)

构面题项	平均数	标准差	排序
题项 11	4.68	0.698	1
题项 12	4.65	0.725	2
题项 13	4.49	0.976	4
题项 14	4.65	0.735	2
构面整体	4.62	0.681	—

由表4-4可知，幼儿园园长正念领导的"互动信任关系"构面整体得分为4.62，标准差为0.681，表明幼儿园教师与园长互动信任关系整体呈现高程度。单题得分最高的题项为第11题"本园的办园宗旨和理念符合我的教育理想"，表明幼儿园教师较能知觉本园的办园宗旨且能够给予认同。第13题"工作中遇到困难时，我愿意向园长诉说"得分相对最低，表明幼儿园教师与园长之间的交流多停留于工作任务分配与行政管理，互助式交流与朋友式倾诉

交流不足。

4. "参与践行氛围" 构面题项的现况。"参与践行氛围" 构面包括 5 个题项，现况见表 4 - 5。

表 4 - 5　参与践行氛围构面各题项的平均数与标准差摘要（N = 678）

构面题项	平均数	标准差	排序
题项 15	4. 62	0. 812	5
题项 16	4. 71	0. 673	2
题项 17	4. 69	0. 690	4
题项 18	4. 70	0. 714	3
题项 19	4. 74	0. 649	1
构面整体	4. 69	0. 639	—

由表 4 - 5 可知，幼儿园园长正念领导的 "参与践行氛围" 构面整体得分为 4.69，标准差为 0.639，表明幼儿园教师知觉园长参与践行氛围整体呈现高程度。单题得分最高的题项为第 19 题 "园长能够为教师传达最新的学前教育发展动态"，表明幼儿园教师知觉园长及时传达学前教育发展动态程度较高，园长较能把握时代脉搏，带动幼儿园教师和组织发展。第 15 题 "园长提供教师参与制订幼儿园发展计划的机会" 得分相对最低，表明幼儿园教师直接参与制订幼儿园发展计划的机会较不足，较多为计划听取、执行者身份而非制订参与者，导致组织归属感不足。

5. "管理知能创价" 构面题项的现况。"管理知能创价" 构面包括 3 个题项，现况见表 4 - 6。

表 4 - 6　管理知能创价构面各题项的平均数与标准差摘要（N = 678）

构面题项	平均数	标准差	排序
题项 20	4. 67	0. 749	2
题项 21	4. 75	0. 601	1
题项 22	4. 40	1. 010	3
构面整体	4. 61	0. 701	—

由表 4 - 6 可知，幼儿园园长正念领导的 "管理知能创价" 构面整体得分为 4.61，标准差为 0.701，表明幼儿园教师知觉园长管理知能创价整体呈现 "中高" 程度。单题得分最高的题项为第 21 题 "园长鼓励教师参加各类培

训"，表明幼儿园教师知觉园长鼓励教师参加培训以提升自身素养领导行为表现较高。第22题"幼儿园能够为教师专业发展提供经费"得分相对最低，表明幼儿园教师知觉幼儿园在提供教师专业发展的经费支持程度较低，教师专业发展较多为个人支出，较少由组织分担。

二、幼儿园教师学习文化的现况分析

"幼儿园教师学习文化问卷"包括"支持信任"4个题项、"资源共享"5个题项、"学习创新"5个题项，共计3个研究构面，14个题项。每一题所得平均分数越高，则表示该园教师学习文化程度越高；反之，每一题所得平均分数越低，则表示该园教师学习文化程度越低。每一题项以"非常符合""大部分符合""有点符合""大部分不符合""非常不符合"分别给予5分、4分、3分、2分、1分。平均分数介于介于1~2分者，教师学习文化的程度为"低"；介于2.01~3分者，教师学习文化的程度为"中低"；介于3.01~4分者，教师学习文化的程度为"中高"；介于4.01~5分者，教师学习文化的程度为"高"。

（一）幼儿园教师学习文化整体及各构面的现况

"幼儿园教师学习文化"现况见表4-7。

表4-7 幼儿园教师学习文化各构面得分的平均数与标准差摘要 （N=678）

构面名称	题数	单题平均数	标准差	排序
支持信任	4	4.58	0.675	3
资源共享	5	4.65	0.649	2
学习创新	5	4.66	0.644	1
教师学习文化问卷整体	14	4.63	0.618	—

由表4-7可知，各分构面平均数分别为："支持信任"构面得分4.58；"资源共享"构面得分4.65；"学习创新"构面得分4.66。三个研究构面整体平均数得分4.63。可见，各分构面及整体构面，在五点量表中皆达高程度，即幼儿园教师具有较高的学习文化。已有关于幼儿园教师学习文化的研究成果中，较少有对幼儿园教师学习文化的实证性研究结果，而幼儿园教育与小学阶

段教育前后相接且均属于基础教育阶段，具有一定的相似性，因此，本研究在对幼儿园教师学习文化现况进行讨论时，纳入已有的小学教师学习文化相关成果进行比较分析与讨论。本研究结果与施佩芳（2010）、林新发等（2011）的研究发现相似。施佩芳 2010 年研究结果指出，我国台湾地区的公立小学教师感受到的教师学习文化情况良好。林新发等人 2011 年通过比较上海市、台北市和香港地区小学学习文化，指出就整体的小学教师知觉的学习文化现况而言，属中等程度。可见，小学场域中教师学习文化表现尚称良好，而本研究幼儿园场域中教师学习文化表现与上述研究结果基本一致，也较为良好。

（二）幼儿园教师学习文化各题项的现况

"幼儿园教师学习文化问卷"包括"支持信任"4 个题项、"资源共享"5 个题项、"学习创新"5 个题项，共计 14 个题项。由表 4 - 7 可知，三个研究构面的得分高低依序为"学习创新"（$M = 4.66$）、"资源共享"（$M = 4.65$）、"支持信任"（$M = 4.58$），三个构面各题项的现况分述如下。

1. "支持信任"构面题项的现况。"支持信任"构面包括 4 个题项，现况见表 4 - 8。

表 4 - 8　支持信任构面各题项的平均数与标准差摘要（$N = 678$）

构面题项	平均数	标准差	排序
题项 23	4.54	0.870	3
题项 24	4.63	0.735	2
题项 25	4.48	0.852	4
题项 26	4.67	0.671	1
构面整体	4.58	0.675	—

由表 4 - 8 可知，教师学习文化的"支持信任"构面整体得分为 4.58，标准差为 0.675，表明幼儿园教师支持信任整体呈现高程度。单题得分最高的题项为第 26 题"本园制定有园本教研的相关制度"，表明幼儿园重视教师的学习文化制度建设。第 25 题"本园近五年来，有邀请幼教专家来园做讲座、研习"得分相对最低，表明幼儿园在形塑幼儿园学习文化方面，外部资源利用较不足，教师较不满意。

2. "资源共享"构面题项的现况。"资源共享"构面包括 5 个题项，现况见表 4 – 9。

表 4 – 9　资源共享构面各题项的平均数与标准差摘要 （N = 678）

构面题项	平均数	标准差	排序
题项 27	4.55	0.822	5
题项 28	4.64	0.724	4
题项 29	4.69	0.692	2
题项 30	4.66	0.710	3
题项 31	4.71	0.630	1
构面整体	4.65	0.649	—

由表 4 – 9 可知，教师学习文化的"资源共享"构面整体得分为 4.65，标准差为 0.649，表明幼儿园教师资源共享整体呈现高程度。单题得分最高的题项为第 31 题"本园教师能够互相协作，共同解决实务中遇到的问题"，表明幼儿园教师互相学习、协助解决问题表现程度较高。第 27 题"本园教师已经形成知识分享文化"得分相对最低，表明幼儿园教师知觉本园整体知识分享文化程度较低，知识分享文化的组织氛围尚未达到成熟程度。

3."学习创新"构面题项的现况。"学习创新"构面包括 5 个题项，现况见表 4 – 10。

表 4 – 10　学习创新构面各题项的平均数与标准差摘要 （N = 678）

构面题项	平均数	标准差	排序
题项 32	4.65	0.734	4
题项 33	4.65	0.709	4
题项 34	4.67	0.683	1
题项 35	4.67	0.687	1
题项 36	4.67	0.721	1
构面整体	4.66	0.644	—

由表 4 – 10 可知，教师学习文化的"学习创新"构面整体得分为 4.66，标准差为 0.644，表明幼儿园教师学习创新整体呈现高程度。单题得分最高的题项为第 34 题"本园教师能够从自己的教学实践中探求知识，解决问题"、第 35 题"本园教师对提升专业能力的学习具有意愿"与第 36 题"本园鼓励教师从事教学改革和创新"，表明幼儿园教师知觉本园教师对提升教师专业能力、探求新知并进行教学创新的表现程度较高，也较认同幼儿园组织对教师改

革和创新的支持程度。第 32 题"本园教师具有浓厚的学习氛围"与第 33 题"本园教师能够关注各种学前教育信息"得分相对较低，表明幼儿园教师知觉幼儿园整体学习氛围较低，且教师对学前教育信息关注也呈现不足现象。

三、幼儿园教师专业承诺的现况分析

"幼儿园教师专业承诺问卷"包括"专业认同"3 个题项、"乐业投入"5 个题项、"专业成长"5 个题项、"留业意愿"4 个题项、"专业伦理"5 个题项，共计 5 个研究构面，22 个题项。每一题所得平均分数越高，则表示教师专业承诺越高；反之，每一题所得平均分数越低，则表示教师专业承诺越低。每一题项以"非常符合""大部分符合""有点符合""大部分不符合""非常不符合"分别给予 5 分、4 分、3 分、2 分、1 分。平均分数介于 1~2 分，教师专业承诺表现程度为"低"；介于 2.01~3 分，教师专业承诺表现程度为"中低"；介于 3.01~4 分，教师专业承诺表现程度为"中高"；介于 4.01~5 分，教师专业承诺表现程度为"高"。

（一）幼儿园教师专业承诺整体及各构面的现况

"幼儿园教师专业承诺"现况见表 4-11。

表 4-11　幼儿园教师专业承诺各构面得分的平均数与标准差摘要（$N=678$）

构面名称	题数	单题平均数	标准差	排序
专业认同	3	4.76	0.502	3
乐业投入	5	4.79	0.425	2
专业成长	5	4.70	0.531	4
留业意愿	4	4.39	0.836	5
专业伦理	5	4.88	0.351	1
教师专业承诺问卷整体	22	4.71	0.433	—

由表 4-11 可知，各分构面平均数分别为："专业认同"构面得分 4.76；"乐业投入"构面得分 4.79；"专业成长"构面得分 4.70；"留业意愿"构面得分 4.39；"专业伦理"构面得分 4.88。5 个研究构面整体平均数得分 4.71。可见，各分构面及整体构面，在五点量表中皆达高程度，即幼儿园教师专业承诺表现程度为"高"。本研究结果与梁佳蓁（2018）、张斐莉（2015）、黄淑萍

（2018）及萧慧君、张美云（2014）的研究发现类似。梁佳蓁 2018 年以我国台湾中部地区公、私立幼儿园教师为研究对象，研究结论认为幼儿园教师专业承诺现况呈现良好。张斐莉 2015 年以我国台湾地区桃园市幼儿园教师为研究对象，研究结论为幼儿园教师的专业承诺现况呈现中高度。而黄淑萍 2018 年以桃园市公、私立幼儿园教师为研究对象的研究发现，桃园市公、私立幼儿园教师专业承诺达中高程度，其中以"乐业投入"表现较高，"专业意愿"相对较低。萧慧君、张美云在 2014 年以我国台湾地区台中市学前教师为研究对象，结论为在融合教育情境下学前教师专业承诺属中高程度，其中以"专业认同"最高。由上可知，幼儿园教师专业承诺表现属中高程度。

（二）幼儿园教师专业承诺各题项的现况

"幼儿园教师专业承诺问卷"包括"专业认同"3 个题项、"乐业投入"5 个题项、"专业成长"5 个题项、"留业意愿"4 个题项、"专业伦理"5 个题项，共计 22 个题项。由表 4 - 11 可知，5 个研究构面的得分高低依序为"专业伦理"（$M = 4.88$）、"乐业投入"（$M = 4.79$）、"专业认同"（$M = 4.76$）、"专业成长"（$M = 4.70$）、"留业意愿"（$M = 4.39$）。5 个构面各题项现况分述如下。

1. "专业认同"构面题项的现况。"专业认同"构面包括 3 个题项，现况见表 4 - 12。

表 4 - 12　专业认同构面各题项的平均数与标准差摘要（$N = 678$）

构面题项	平均数	标准差	排序
题项 37	4.78	0.549	2
题项 38	4.82	0.480	1
题项 39	4.67	0.721	3
构面整体	4.76	0.502	—

由表 4 - 12 可知，幼儿园教师专业承诺的"专业认同"构面整体得分为 4.76，标准差为 0.502，表明幼儿园教师对学前教育的专业认同程度为高程度。单题得分最高的题项为第 38 题"我认为幼儿园教师是一项需要专业培训的工作"，表明幼儿园教师较认同教师职业具有专业性，是需要专业培育的职业。第 39 题"我认为从事幼儿园教师工作符合我的职业期待"得分相对最低，表明幼儿园教师对从事幼儿园教师职业的满意度较低，幼儿园职业场域实

况与自己的职业期待存在差距。

2. "乐业投入"构面题项的现况。"乐业投入"构面包括 5 个题项，现况见表 4 – 13。

表 4 – 13　乐业投入构面各题项的平均数与标准差摘要（$N = 678$）

构面题项	平均数	标准差	排序
题项 40	4.81	0.475	2
题项 41	4.82	0.442	1
题项 42	4.80	0.482	3
题项 43	4.74	0.571	5
题项 44	4.80	0.497	3
构面整体	4.79	0.425	—

由表 4 – 13 可知，幼儿园教师专业承诺的"乐业投入"构面整体得分为 4.79，标准差为 0.425，表明幼儿园教师乐业投入整体呈现高程度。单题得分最高的题项为第 41 题"与幼儿在一起，我总是充满热情"，表明幼儿园教师热爱幼儿、乐于与幼儿相处，热爱幼儿教师职业的表现程度较高。第 43 题"我能够利用自己的休息时间，思考和解决工作中遇到的问题"得分相对最低，表明幼儿园教师对于工作的投入度较不足，不能及时利用时间思考和解决工作中遇到的问题。

3. "专业成长"构面题项的现况。"专业成长"构面包括 5 个题项，现况见表 4 – 14。

表 4 – 14　专业成长构面各题项的平均数与标准差摘要（$N = 678$）

构面题项	平均数	标准差	排序
题项 45	4.60	0.752	4
题项 46	4.74	0.540	3
题项 47	4.80	0.483	1
题项 48	4.75	0.545	2
题项 49	4.59	0.753	5
构面整体	4.70	0.531	—

由表 4 – 14 可知，幼儿园教师专业承诺的"专业成长"构面整体得分为 4.70，标准差为 0.531，表明幼儿园教师专业成长整体呈现高程度。单题得分

最高的题项为第 47 题"我会不断提升自己的专业素养",表明幼儿园教师对提升自己的专业素养诉求较高,愿意不断提升自己的专业知能。第 49 题"我主动研读学前教育相关文献"得分相对最低,表明幼儿园教师对主动研读文献提升专业素养的行为表现较低。

4. "留业意愿"构面题项的现况。"留业意愿"构面包括 4 个题项,现况见表 4 - 15。

表 4 - 15　留业意愿构面各题项的平均数与标准差摘要 (N = 678)

构面题项	平均数	标准差	排序
题项 50	4.52	0.938	2
题项 51	4.55	0.876	1
题项 52	4.36	0.988	3
题项 53	4.13	1.281	4
构面整体	4.39	0.836	—

由表 4 - 15 可知,幼儿园教师专业承诺的"留业意愿"构面整体得分为 4.39,标准差为 0.836,表明幼儿园教师在留业意愿整体呈现高程度。单题得分最高的题项为第 51 题"我愿意长期留任幼儿园教师的工作岗位",表明幼儿园教师对教师工作岗位的留任表现程度较高,较热爱幼儿园教师工作。第 53 题"我有更换幼儿园教师职业的想法"得分相对最低,与得分最高的 51 题项相符,表明幼儿园教师有较稳定的留业意愿。

5. "专业伦理"构面题项的现况。"专业伦理"构面包括 5 个题项,现况见表 4 - 16。

表 4 - 16　专业伦理构面各题项的平均数与标准差摘要 (N = 678)

构面题项	平均数	标准差	排序
题项 54	4.88	0.393	2
题项 55	4.89	0.380	1
题项 56	4.85	0.479	5
题项 57	4.88	0.385	2
题项 58	4.88	0.388	2
构面整体	4.88	0.351	—

由表 4 - 16 可知，教师专业承诺的"专业伦理"构面整体得分为 4.88，标准差为 0.351，表明幼儿园教师专业伦理表现整体呈现高程度。单题得分最高的题项为第 55 题"我遵守幼儿园的规章制度"，表明幼儿园教师对幼儿园的规章制度较认同，且能够自觉践行。而第 56 题"我尊重幼儿的个体差异，因材施教"得分相对最低，表明幼儿园教师根据幼儿的个体差异而展开个性化教育行为表现较低，尚需提升相关知能。

四、综合讨论

依据表 4 - 1 至表 4 - 16，幼儿园教师对于园长正念领导、教师学习文化与专业承诺的整体及分构面的知觉情形与意义讨论如下。

（一）幼儿园园长正念领导整体及各构面皆达到"高"表现程度，其中"健康适性愿景"构面得分最高，"管理知能创价"构面得分最低

幼儿园教师在正念领导问卷各构面的知觉感受平均得分为高程度，表明教师知觉园长正念领导现况有正面评价。考察原始分数，5 个研究构面得分高低排序依次为：健康适性愿景＞正向行动调节＞参与践行氛围＞互动信任关系＞管理知能创价。

"健康适性愿景"构面平均得分最高，表明幼儿园教师对本园发展愿景非常认同，园长在领导实务中，能够以愿景激发同仁工作热情和动力，带动幼儿园蓬勃发展。各构面题项中，"教师知觉本园各项活动能以促进幼儿健康成长为目标""园长以身作则，以展现对幼儿园规章制度的执行力""本园的办园宗旨和理念符合我的教育理想""园长能够为教师传达最新的学前教育发展动态""园长鼓励教师参加各类培训"，平均得分皆较高。表明幼儿园实际场域中，园长善于将幼儿园组织发展与促进幼儿健康成长教育目标以及教师的教育理想结合起来，则能激发教师对幼儿园组织的归属与认同。同时，幼儿园教师群体为具有一定文化知识背景的高知群体，他们对自身的专业发展具有强烈的内在诉求，园长经由率先垂范的领导行为展现其执行力，也能从促进教师专业发展出发，鼓励教师参加各类专业培训，满足教师专业发展需求。如将上述的正念领导践行于实务，可以获得教师认同，也可助益园务绩效的提高。

"管理知能创价"构面平均得分最低，表明教师知觉园长引领、鼓励与支持幼儿园教师不断提升教保素养，创价教保知能的行为表现较不满意。各构面题项中，"教师对本园的未来发展充满期待和信心""园长与教师沟通时，能够以鼓励、支持性语言取代批评、指责性语言""园长能够对教师的工作表现给予及时的反馈""工作中遇到困难时，教师愿意向园长诉说""园长提供教师参与制订幼儿园发展计划的机会""幼儿园能够为教师专业发展提供经费"，平均得分均较低。研究结果揭示了幼儿园实践场域中影响幼儿园教师职业满意的组织因素。教师在组织机构中，若置身于规划组织发展蓝图之外，势必对组织未来发展感到迷茫；而当自己的发展需求、工作表现与困惑无法获得来自组织的支持与回应，极易因无助而降低职业感受性，甚至带来人才流失。这也是幼儿园园长未来臻熟领导实务，圆融教师关系亟须面对和解决的问题。

（二）幼儿园教师学习文化整体及各构面皆达到"佳"表现程度，其中"学习创新"构面得分最高，而"支持信任"构面得分最低

幼儿园教师学习文化的各构面平均得分为高程度，表明幼儿园教师对于幼儿园的教师学习文化现况为正面评价。考察原始分数，3 个研究构面得分高低排序依次为：学习创新 > 资源共享 > 支持信任。

"学习创新"构面平均得分最高，表明幼儿园教师对通过各类学习，提升专业能力，促进专业成长，创新实务工作知觉较高。各构面题项中，"本园制定有园本教研的相关制度""本园教师能够互相协作，共同解决实务中遇到的问题""本园教师能够从自己的教学实践中探求知识，解决问题""本园教师对提升专业能力的学习具有意愿""本园鼓励教师从事教学改革和创新"，平均得分均较高。表明从幼儿园组织角度，幼儿园能够以鼓励教师教学改革和创新，建构园本教研的学习制度，促进教师学习文化生成及专业发展方面给予教师组织和制度支持。而从幼儿园教师个人角度，也能协作互助，且渴求提升专业知能。由此，组织中个体能依组织支持而不断学习，精进专业知能，创新教育教学，组织也能够维系运作的质量与效能。

"支持信任"构面平均得分最低，表明幼儿园教师对于幼儿园营造有利于教师群体学习的环境和氛围，制定鼓励学习的制度和规范，创造支持学习的机会和平台方面相对不满意。各构面题项中，"本园近五年来，有邀请幼教专家来园做讲座、研习""本园教师已经形成知识分享文化""本园教师具有浓厚的学习氛围""本园教师能够关注各种学前教育信息"，平均得分均较低。研究结果显示，幼儿园实践场域中，不仅幼儿园内部知识分享文化与学习氛围尚未成形，而且园长对利用外部资源促进教师专业知能提升同样运用不足。从幼儿园组织领导者与管理者角度，园长应该善于整合和利用各种物质和人力资源，才能更好地推动园务的发展，促进教师队伍建设，提高幼儿园保教质量。这同样也是幼儿园发展和园长领导实务亟须面对和改进的地方。

（三）幼儿园教师专业承诺整体及各构面皆达到"高"表现程度，其中"专业伦理"构面得分最高，而"留业意愿"构面得分最低

幼儿园教师在教师专业承诺各构面的知觉感受平均得分为高程度，显示教师的专业承诺较高。考察原始分数，5个研究构面得分高低排序依次为：专业伦理＞乐业投入＞专业认同＞专业成长＞留业意愿。

"专业伦理"构面平均得分最高，表明幼儿园教师均能恪守幼教专业各项职业准则与道德伦理规范以及幼儿园各项规章制度。各构面题项中，"我认为幼儿园教师是一项需要专业培训的工作""与幼儿在一起，我总是充满热情""我会不断提升自己的专业素养""我愿意长期留任幼儿园教师的工作岗位""我遵守幼儿园的规章制度"，平均得分皆较高。表明幼儿园教师认同教师职业的专业性，因而愿意不断提升专业素养，展现专业精神于教育实务中，表现出对教师职业的热爱。

"留业意愿"构面平均得分最低，表明幼儿园教师对教育实践场域的工作满意度不佳。各构面题项中，"我认为从事幼儿园教师工作符合我的职业期待""我能够利用自己的休息时间，思考和解决工作中遇到的问题""我会主动研读学前教育相关文献""我有更换幼儿园教师职业的想法（反向题）""我尊重幼儿的个体差异，因材施教"，平均得分均较低。探究其原因，在社会行业及各级教师群体中，幼儿园教师职业无论是职业待遇还是社会地位都相对较低，导致幼儿园教师从业热情不足，专业发展动力匮乏，专业追求低迷。因此，如果不能从行政管理规划角度尽快提高幼儿园教师专业地位和待遇，增强专业吸引力，教师留业意愿势必会降低，离职意愿则会上升。缺失稳定性的教师队伍极易导致教育质量滑坡，这同样应该成为教育行政机关亟须面对和统筹规划的议题。

第二节 幼儿园园长正念领导、教师学习文化
与专业承诺的差异分析

本节旨在分析不同幼儿园背景变量（幼儿园性质、幼儿园规模、建园园龄）与不同个人背景变量（性别、年龄、工作年限、所学专业、担任职务、最高学历）的幼儿园教师知觉园长正念领导、教师学习文化、教师专业承诺是否具有差异。因为样本资料中，性别背景中男性幼儿园教师仅为 7 人，人数较少，占总样本数量的 1%，可分析样本数量过少，在不同背景变量差异分析中，性别背景变量不纳入分析。最高学历背景中研究生毕业的幼儿园教师为 13 人，人数亦较少，占总样本的 2%，但是，随着学前教育不断发展，提升幼儿园教师学历层次为未来学前教育内涵式发展趋势，所以在背景变量差异分析中保留研究生学历背景。

本研究采用多元回归分析进行检定。吴明隆（2009）认为，原始背景变量若为间断变量，在投入回归模式中，应先转为虚拟变量后再作为解释变量，如间断变量有 k 个水平，则需要 $k-1$ 个虚拟变量，未经处理的水平为参照组。❶ 依上述要求，本研究将背景变量转换后作为解释变量，并选定参照组进行分析，若解释变量对因变量整体模型的 F 值达统计显著水平，则分析各解释变量的回归系数，进行差异情形讨论。

一、不同背景变量幼儿园教师知觉园长正念领导的差异分析

由不同背景变量对园长正念领导的回归分析，如表 4 – 17 所示，各模型 F 值均达到统计显著水平（$p < 0.001$），解释变量之间无多元共线性问题（最大 VIF 值为 2.799），现将具体差异情形分述如下。

---

❶ 吴明隆. SPSS 操作与应用：问卷统计分析实务 [M]. 台北：五南图书出版有限公司，2009.

表4-17 不同背景变量幼儿园教师知觉园长正念领导回归分析摘要

背景变量		健康适性愿景（模型1）		正向行动调节（模型2）		互动信任关系（模型3）		参与践行氛围（模型4）		管理知能创价（模型5）		整体（模型6）	
		b	(β)	b	(β)	b	(β)	b	(β)	b	(β)	b	(β)
年龄	未满30岁（参）												
	30~39岁	0.138*	0.122*	0.130*	0.102*	0.173*	0.124*	0.083	0.063	0.126	0.088	0.128*	0.105*
	40~49岁	0.217**	0.151**	0.179*	0.110*	0.257*	0.143*	0.186	0.110	0.167	0.090	0.200*	0.128*
	50岁及以上	0.189	0.075	0.020	0.007	0.238	0.076	0.088	0.030	0.197	0.061	0.130	0.048
工作年限	未满5年（参）												
	5~10年	0.049	0.041	0.038	0.028	0.082	0.055	0.110	0.078	0.064	0.041	0.068	0.052
	11~15年	-0.105	-0.062	-0.139	-0.072	-0.166	-0.078	-0.074	-0.037	-0.134	-0.061	-0.122	-0.066
	16~20年	0.049	0.026	0.019	0.009	0.064	0.027	0.115	0.052	0.032	0.013	0.056	0.028
	21年及以上	-0.159	-0.091	-0.113	-0.057	-0.146	-0.067	-0.129	-0.063	-0.207	-0.092	-0.144	-0.076
专业	学前教育（参）												
	非学前教育	0.007	0.005	0.036	0.023	0.006	0.004	0.031	0.019	-0.004	-0.002	0.019	0.012
职务	教师（参）												
	教师兼任行政人员	-0.341**	-0.181**	-0.313**	-0.147**	-0.327**	-0.140**	-0.351**	-0.160**	-0.360**	-0.149**	-0.336**	-0.165**
最高学历	中等职业学校（含）以下毕业												
	高等专科毕业	0.041	0.037	0.081	0.065	0.104	0.076	0.078	0.061	0.200**	0.141**	0.093	0.078
	大学本科毕业	-0.070	-0.061	-0.097	-0.075	-0.123	-0.087	-0.125	-0.094	0.023	0.016	-0.087	-0.071
	研究生毕业	-0.680**	-0.170**	-0.779**	-0.173**	-0.811**	-0.164**	-0.697**	-0.150**	-0.618**	-0.121**	-0.726**	-0.169**

续表

背景变量		健康适性愿景（模型1）		正向行动调节（模型2）		互动信任关系（模型3）		参与践行氛围（模型4）		管理知能创价（模型5）		整体（模型6）	
		b	(β)	b	(β)	b	(β)	b	(β)	b	(β)	b	(β)
性质	公办园（参）												
	民办园	-0.037	-0.033	-0.015	-0.012	-0.053	-0.038	-0.015	-0.011	-0.011	-0.008	-0.025	-0.021
规模	5个（含）班级以下（参）												
	6~9个班级	-0.002	-0.002	-0.046	-0.035	-0.118	-0.083	-0.098	-0.073	-0.086	-0.059	-0.068	-0.055
	10个班级以上	0.018	0.016	-0.057	-0.045	-0.132*	-0.095*	-0.067	-0.051	-0.034	-0.023	-0.056	-0.046
园龄	10年（含）以下（参）												
	11~20年	0.115*	0.097*	0.081	0.061	0.134*	0.091*	0.107	0.077	0.077	0.050	0.102	0.080
	21年（含）及以上	0.131*	0.112*	0.079	0.060	0.096	0.066	0.115	0.085	0.007	0.005	0.090	0.071
常数		4.668***	4.721***	4.617***	4.683***	4.525***	4.657***						
F 值		5.852***	4.816***	5.172***	4.864***	3.524***	5.353***						
R^2		0.145	0.122	0.130	0.123	0.092	0.134						
Adj - R^2		0.120	0.097	0.105	0.098	0.066	0.109						
最大 VIF 值		2.799	2.799	2.799	2.799	2.799	2.799						

* $p < 0.05$, ** $p < 0.01$, *** $p < 0.001$。

（一）健康适性愿景差异情形（模型1）

由回归分析检定结果可知，在 $p < 0.05$ 水平，年龄 30～39 岁教师的 β 值（0.122*）、园龄为 11～20 年教师的 β 值（0.097*）、园龄为 21 年（含）以上教师的 β 值（0.112*），均达到显著。在 $p < 0.01$ 水平，年龄 40～49 岁教师的 β 值（0.151**）、教师兼任行政人员的 β 值（-0.181**）、学历为研究生毕业教师的 β 值（-0.170**），均达到显著。表明上述背景变量的幼儿园教师知觉"健康适性愿景"构面与参照组别间差异显著，具有统计学意义。

（二）正向行动调节差异情形（模型2）

由回归分析检定结果可知，在 $p < 0.05$ 水平，年龄 30～39 岁教师的 β 值（0.102*）、年龄 40～49 岁教师的 β 值（0.110*），均达到显著。在 $p < 0.01$ 水平，教师兼任行政人员的 β 值（-0.147**）、学历为研究生毕业教师的 β 值（-0.173**），均达到显著。表明上述背景变量的幼儿园教师知觉"正向行动调节"构面与参照组别间差异显著，具有统计学意义。

（三）互动信任关系差异情形（模型3）

由回归分析检定结果可知，在 $p < 0.05$ 水平，年龄 30～39 岁教师的 β 值（0.124*）、年龄 40～49 岁教师的 β 值（0.143*）、规模为 10 个（含）班级以上教师的 β 值（-0.095*）、园龄为 11～20 年教师的 β 值（0.091*），均达到显著。在 $p < 0.01$ 水平，教师兼任行政人员的 β 值（-0.140**）、学历为研究生毕业教师的 β 值（-0.164**），均达到显著。表明上述背景变量幼儿园教师知觉"互动信任关系"构面与参照组别间差异显著，具有统计学意义。

（四）参与践行氛围差异情形（模型4）

由回归分析检定结果可知，在 $p < 0.01$ 水平，教师兼任行政人员的 β 值（-0.160**）、学历为研究生毕业教师的 β 值（-0.150**），均达到显著。表明上述背景变量的幼儿园教师知觉"参与践行氛围"构面与参照组别间差异显著，具有统计学意义。

（五）管理知能创价差异情形（模型5）

由回归分析检定结果可知，在 $p < 0.01$ 水平，教师兼任行政人员的 β 值

（−0.149[**]）、学历为高等专科毕业教师的 β 值（0.141[**]）、研究生毕业教师的 β 值（−0.121[**]），均达到显著。表明上述背景变量的幼儿园教师知觉"管理知能创价"构面与参照组别间差异显著，具有统计学意义。

（六）园长正念领导整体差异情形（模型6）

由回归分析检定结果可知，在 $p < 0.05$ 水平，年龄30~39岁教师的 β 值（0.105[*]）、年龄40~49岁教师的 β 值（0.128[*]），均达到显著。在 $p < 0.01$ 水平，教师兼任行政人员的 β 值（−0.165[**]）、学历为研究生毕业教师的 β 值（−0.169[**]），均达到显著。表明上述背景变量的幼儿园教师对园长正念领导整体的知觉与参照组别间差异显著，具有统计学意义。

（七）综合讨论

幼儿园教师知觉园长正念领导的整体及分构面差异情形，分别从年龄、工作年限、所学专业、担任职务、最高学历等不同个人背景变量和幼儿园性质、规模、建园园龄等不同幼儿园背景变量方面的差异情形讨论，汇整分述如下。

1. 年龄。不同年龄的幼儿园教师知觉园长正念领导具有显著差异。许雅惠2016年以我国台湾地区新北市公立幼儿园教保服务人员为研究对象，黄焕超2017年以我国台湾地区北、中、南、东四区幼儿园教保服务人员为研究对象，均发现不同年龄的教保服务人员知觉园长正向领导具有显著差异。刘乙仪2017年以我国台湾中、彰、投地区公立和私立幼儿园教师为研究对象，研究发现幼儿园教师知觉园长分布式领导具有显著差异。本研究同样是对园长领导行为的研究，结果与上述研究发现类似。本研究结果显示，年龄为30~39岁、40~49岁教师知觉"健康适性愿景""正向行动调节""互动信任关系"及园长正念领导整体均显著高于年龄未满30岁的教师，其中，40~49岁教师知觉度最高，其次为30~39岁教师。探究其原因，年龄未满30岁的幼儿园教师处于其职业生涯的新手阶段，在幼儿园工作场域中与领导、同事相处时间较短，对组织环境与氛围尚在适应中，此阶段也是教师们专业知能到职业实务间的弥合转换期，因此，此年龄段幼儿园教师与其他两个较长的年龄段教师知觉园长正念领导的程度差异显著。

2. 工作年限。不同工作年限的幼儿园教师知觉园长正念领导无显著差异。许雅惠2016年以我国台湾地区新北市公立幼儿园教保服务人员为研究对象，黄焕超 2017 年以我国台湾地区北、中、南、东四区幼儿园教保服务人员为研究对象，均发现不同工作年限的教保服务人员知觉正向领导无显著差异。许丽娟 2015 年以我国台湾地区彰化县公立和私立幼儿园教保人员为研究对象，发现不同工作年限的教保人员知觉园长转型领导无显著差异。本研究亦为对园长领导行为的研究，结果与上述研究发现类似。探究其原因，园长的领导行为需要符合幼儿园组织发展和幼儿成长规律，如园长未表现出违背上述发展规律的领导行为，而且其对幼儿园的日常管理与领导行为能够促进幼儿园组织有序运作，则较易取得教师群体共鸣。相对而言，教师工作年限的不同对其经验积累与专业成熟度影响较大，因此，不同工作年限的幼儿园教师知觉园长正念领导程度没有表现出显著差异。

3. 所学专业。不同专业的幼儿园教师知觉园长正念领导无显著差异。探究其原因，教师所学专业不同，与其从事的实务工作更具有相关性，如果其所学专业与实务工作所需要的专业知能较匹配，则教师更易较快地将理论应用到实务中。而在幼儿园组织管理体系中，园长与教师属于管理与被管理的工作关系，所学专业不同并不会改变教师的组织角色。

4. 担任职务。担任不同职务的幼儿园教师知觉园长正念领导有显著差异。研究结果显示，教师兼任行政人员对园长正念领导整体及 5 个分构面知觉程度显著低于专任教师组别。探究其原因，幼儿园组织管理中，相较于管理岗位上的教师既为管理者又为被管理者的双重身份与工作职责，幼儿园专任教师属于被管理者角色，其对园长领导行为与相关工作任务执行事宜的知觉度会相对较敏锐。

5. 最高学历。不同学历的幼儿园教师知觉园长正念领导有显著差异。刘佩瑜 2014 年以我国台湾地区台北市与新北市公立和私立幼儿园教育人员为研究对象，发现不同学历的幼儿园教育人员知觉园长正向领导差异显著。本研究亦为对园长领导行为的研究，结果与上述研究发现类似。本研究结果显示，学历为研究生毕业的教师知觉园长正念领导整体及 5 个分构面程度显著低于中等职业学校（含）以下毕业的教师。学历为高等专科毕业的幼儿园教师知觉"管理知能创价"构面显著高于中等职业学校（含）以下毕业的教师。探究其原因，自 1999 年开始实施高等教育扩招政策，逐步普及高等教育，但是在幼儿园场域，研究生学历的教师仍然凤毛麟角，高学历教师较易以较高期待值和学术理性审视实务境况与园长领导行为，当他们明显感知到理想与现实之间的落差时，则会降低其知觉园长正念领导情形而导致显著低于其他学历的教师。

高等专科毕业的幼儿园教师所受职前专业知能培育，相较于中等职业学校（含）以下毕业的教师更加全面系统和深化，其专业成熟度、发展意识和动能也会有所不同，因此，知觉"管理知能创价"构面会显著高于中等职业学校（含）以下毕业的教师。

6. 幼儿园性质。不同性质幼儿园的教师知觉园长正念领导无显著差异。许丽娟 2015 年以我国台湾地区彰化县公立和私立幼儿园教保人员为研究对象，发现不同园所属性的教保人员知觉园长转型领导无显著差异。本研究结果与上述研究发现类似。探究其原因，无论是公办还是民办幼儿园的园长，均需要以促进幼儿园组织发展，带领全体教师提高组织绩效为办园目标，领导行为并没有显著差异。

7. 幼儿园规模。不同规模的幼儿园教师知觉园长正念领导有显著差异。研究结果显示，幼儿园规模为 10 个（含）班级以上的教师知觉"互动信任关系"构面显著低于 5 个（含）班级以下的教师。探究其原因，幼儿园规模不同，教职员工数量就会有差异，10 个（含）班级以上的幼儿园规模较大，教职员工数量较多，园长需要面临的园务也较多，受精力与时间所限，可能无法平衡与每一位教职员工互动交流的频度与质量，继而带来教师感受性的差异。

8. 幼儿园建园园龄。不同建园园龄的幼儿园教师知觉园长正念领导具有显著差异。研究结果显示，园龄 11～20 年及 21 年（含）以上的教师知觉"健康适性愿景"构面显著高于 10 年（含）以下的教师，其中，园龄 21 年（含）以上的教师知觉最高，其次为园龄 11～20 年的教师。园龄 11～20 年的教师知觉"互动信任关系"构面显著高于园龄 10 年（含）以下的教师。探究其原因，建园园龄 10 年（含）以下的幼儿园因其建园时间较晚，园所尚处在发展中，园长所需要面对的幼儿园里里外外的园务工作必定多元而繁杂，处于此阶段的幼儿园其愿景目标可能也在形成期，园长与教师人际互信关系也未必完全建立起来。

二、不同背景变量幼儿园教师学习文化的差异分析

由不同背景变量教师学习文化的回归分析，如表 4-18 所示，各模型 F 值均达到统计显著水平（$p < 0.001$），解释变量之间无多元共线性问题（最大 VIF 值为 2.799），现将具体差异情形分述如下。

表4-18 不同背景变量幼儿园教师学习文化回归分析摘要

背景变量		支持信任（模型1）		资源共享（模型2）		学习创新（模型3）		整体（模型4）	
		b	(β)	b	(β)	b	(β)	b	(β)
年龄	未满30岁（参）								
	30~39岁	0.023	0.017	0.055	0.041	0.043	0.032	0.042	0.033
	40~49岁	0.156	0.088	0.128	0.075	0.128	0.075	0.136	0.083
	50岁及以上	0.168	0.054	0.028	0.009	0.102	0.035	0.094	0.033
工作年限	未满5年（参）								
	5~10年	0.104	0.070	0.111	0.078	0.146*	0.103*	0.122*	0.089*
	11~15年	−0.068	−0.032	−0.087	−0.043	−0.111	−0.055	−0.090	−0.047
	16~20年	0.049	0.021	0.091	0.041	0.104	0.047	0.084	0.039
	21年及以上	−0.221	−0.102	−0.016	−0.008	−0.098	−0.047	−0.104	−0.052
专业	学前教育（参）								
	非学前教育	−0.007	−0.004	−0.007	−0.004	0.018	0.011	0.002	0.001
职务	教师（参）								
	教师兼任行政人员	−0.274**	−0.118**	−0.283**	−0.127**	−0.372**	−0.168**	−0.312**	−0.147**
最高学历	中等职业学校（含）以下毕业（参）								
	高等专科毕业	0.115	0.085	0.080	0.061	0.157*	0.122*	0.118	0.095
	大学本科毕业	−0.047	−0.033	−0.039	−0.029	−0.037	−0.028	−0.041	−0.032
	研究生毕业	−0.901**	−0.183**	−0.791**	−0.167**	−0.692**	−0.147**	−0.787**	−0.175**

续表

背景变量		支持信任（模型1）		资源共享（模型2）		学习创新（模型3）		整体（模型4）	
		b	(β)	b	(β)	b	(β)	b	(β)
性质	公办园（参）								
	民办园	-0.045	-0.033	-0.046	-0.035	-0.056	-0.043	-0.049	-0.039
规模	5个（含）班级以下（参）								
	6~9个班级	-0.009	-0.007	-0.020	-0.014	0.024	0.018	-0.001	-0.001
	10个（含）班级以上	0.070	0.051	0.053	0.040	0.053	0.040	0.058	0.046
园龄	10年（含）以下（参）								
	11~20年	0.114	0.078	0.106	0.076	0.102	0.073	0.107	0.080
	21年及以上	0.050	0.034	0.068	0.049	0.069	0.051	0.063	0.048
常数		4.526***	4.567***	4.558***	4.774***				
F值		4.237***	3.591***	5.194***	4.552***				
R^2		0.109	0.094	0.130	0.121				
Adj-R^2		0.083	0.068	0.105	0.096				
最大VIF值		2.799	2.799	2.799	2.799				

$^*p<0.05$，$^{**}p<0.01$，$^{***}p<0.001$。

（一） 支持信任差异情形（模型1）

由回归分析检定结果可知，在 $p < 0.01$ 水平，教师兼任行政人员的 β 值（ -0.118^{**} ）、学历为研究生毕业教师的 β 值（ -0.183^{**} ），均达到显著。表明上述背景变量的幼儿园教师知觉"支持信任"构面与参照组别间差异显著，具有统计学意义。

（二） 资源共享差异情形（模型2）

由回归分析检定结果可知，在 $p < 0.01$ 水平，教师兼任行政人员的 β 值（ -0.127^{**} ）、学历为研究生毕业教师的 β 值（ -0.167^{**} ），均达到显著。表明上述背景变量的幼儿园教师知觉"资源共享"构面与参照组别间差异显著，具有统计学意义。

（三） 学习创新差异情形（模型3）

由回归分析检定结果可知，在 $p < 0.05$ 水平，工作年限为 5~10 年教师的 β 值（ 0.103^{*} ），均达到显著。在 $p < 0.01$ 水平，教师兼任行政人员的 β 值（ -0.168^{**} ）、学历为高等专科毕业教师的 β 值（ 0.122^{**} ）、学历为研究生毕业教师的 β 值（ -0.147^{**} ），均达到显著。表明上述背景变量的幼儿园教师知觉"学习创新"构面与参照组别间差异显著，具有统计学意义。

（四） 教师学习文化整体差异情形（模型4）

由回归分析检定结果可知，在 $p < 0.05$ 水平，工作年限为 5~10 年教师的 β 值（ 0.089^{*} ），达到显著。在 $p < 0.01$ 水平，教师兼任行政人员的 β 值（ -0.147^{**} ）、学历为研究生毕业教师的 β 值（ -0.175^{**} ），均达到显著。表明上述背景变量的幼儿园教师学习文化整体与参照组别间差异显著，具有统计学意义。

（五） 综合讨论

幼儿园教师学习文化的整体及分构面差异情形，分别从年龄、工作年限、所学专业、担任职务、最高学历等不同个人背景变量和幼儿园性质、规模、建园园龄等不同幼儿园背景变量方面的差异情形讨论，汇整分述如下。

1. 年龄。不同年龄的幼儿园教师学习文化无显著差异。研究结果与黄美惠 2005 年以我国台湾地区高雄市公立和私立幼儿园教师为研究对象，苏馨容 2005 年以我国台湾地区台北县公立和私立幼儿园教师为研究对象，许雅惠 2016 年以我国台湾地区新北市公立幼儿园教保服务人员为研究对象的研究发现类似。探究其原因，文化作为外在于人的环境因素，对身处其中的每一个个体均会产生潜移默化的影响，幼儿园教师虽然年龄不同，但都处于教师学习文化之中，均会受到学习文化的影响，如果其所处的学习文化相同或相似，其知觉感受也会较相似。

2. 工作年限。不同工作年限的幼儿园教师学习文化有显著差异。研究结果显示，工作年限 5～10 年的教师知觉"学习创新"、教师学习文化整体显著高于工作年限未满 5 年的教师。探究其原因，教师学习文化属于组织文化范畴，不同工作年限的教师均为组织中的一员，均会受到来自所归属组织学习文化的熏染与影响。工作年限 5～10 年的教师较工作年限未满 5 年的教师，正处于专业发展上升期，其参与组织学习文化会更加积极主动。

3. 所学专业。所学专业不同的幼儿园教师学习文化无显著差异。探究其原因，教师所学专业不同，专业知能具体内容可能会有差异，但是，教师职业要求每一位教师都需要具有不断学习的能力，所学专业不同的幼儿园教师均需要不断地学习以提升自己的专业知能。

4. 担任职务。担任不同职务的幼儿园教师学习文化具有显著差异。研究结果与陈翠萍 2014 年以我国台湾地区台中市公立和私立幼儿园教师为研究对象的研究发现类似。本研究结果显示，教师兼任行政人员知觉"支持信任""资源共享""学习创新"及教师学习文化整体显著低于专任教师组别。探究其原因，教师兼任行政人员除了保育教育任务，还需要承担行政管理实务，其时间和精力有限，与专任教师组别的幼儿园教师知觉教师学习文化差异显著。

5. 最高学历。不同学历的幼儿园教师学习文化具有显著差异。黄美惠 2005 年以我国台湾地区高雄市公立和私立幼儿园教师为研究对象，发现不同学历的幼儿园教师在组织文化整体知觉具有差异。陈翠萍 2014 年以我国台湾地区台中市公立和私立幼儿园教师为研究对象，发现在组织文化知觉上，会因最高学历的不同具有显著差异。本研究结果与上述研究发现类似。本研究结果显示，学历为研究生毕业的教师"支持信任""资源共享""学习创新"及教师学习文化整体显著低于中等职业学校（含）以下毕业的教师。学历为高等专科毕业的教师"学习创新"构面显著高于中等职业学校（含）以下毕业的教师。探究其原因，不同学历的幼儿园教师，职前知能培育阶段所学习内容会有所不同，研究生学历教师职前知能培育时间较其他学历教师长，知能储备较为丰富厚重。同时，本研究中获取的具有研究生学历的教师样本数较少，也可能会影响研究结果。高等专科毕业的教师相较于中等职业学校（含）以下毕业的教师，其专业成长意识和发展需求会有所不同，因此，知觉"学习创新"构面显著高于中等职业学校（含）以下毕业的教师。

6. 幼儿园性质。不同性质幼儿园的教师学习文化无显著差异。研究结果与黄美惠 2005 年以我国台湾地区高雄市公立和私立幼儿园教师为研究对象的研究发现类似。探究其原因，教师学习文化为组织成员经由共同努力形成，具有相对稳定性，主要经由组织内部成员不断发展与完善，其受到公办与民办幼儿园性质等外部因素的影响相对较弱。

7. 幼儿园规模。不同规模幼儿园的教师学习文化无显著差异。研究结果与黄美惠 2005 年以我国台湾地区高雄市公立和私立幼儿园教师为研究对象，苏馨容 2005 年以我国台湾地区台北县公立和私立幼儿园教师为研究对象的研究发现类似。探究其原因，不同规模幼儿园均会形成组织文化，教师学习文化一经形成即具有相对稳定性，其发展与完善主要受内部组织成员的影响，只要幼儿园组织及组织成员没有进行较大变革，组织文化会永续存在。

8. 幼儿园建园园龄。不同建园园龄的幼儿园教师学习文化无显著差异。探究其原因，任何一个幼儿园组织形成之后，均会经由组织成员共同努力逐渐形成幼儿园组织文化，幼儿园组织是具有教育性质的组织，教师学习文化必然是其应有之义。

三、不同背景变量幼儿园教师专业承诺的差异分析

由不同背景变量对教师专业承诺的回归分析，如表 4 – 19 所示，各模型 F 值均达统计显著水平（$p < 0.001$），解释变量之间无多元共线性问题（最大 VIF 值为 2.799），将具体差异情形分述如下。

表 4－19　不同背景变量幼儿园教师专业承诺回归分析摘要

背景变量		专业认同（模型1）		乐业投入（模型2）		专业成长（模型3）		留业意愿（模型4）		专业伦理（模型5）		整体（模型6）	
		b	(β)	b	(β)	b	(β)	b	(β)	b	(β)	b	(β)
年龄	未满30岁（参）												
	30～39岁	0.087	0.084	0.036	0.041	0.093	0.085	0.175*	0.102*	0.039	0.054	0.082	0.092
	40～49岁	0.196*	0.148*	0.079	0.070	0.105	0.075	0.349**	0.159**	0.074	0.079	0.149*	0.130*
	50岁及以上	0.111	0.048	0.098	0.050	0.113	0.047	0.479*	0.125*	0.090	0.056	0.171	0.086
工作年限	未满5年（参）												
	5～10年	0.081	0.074	0.108*	0.115*	0.091	0.078	-0.018	-0.010	0.046	0.059	0.063	0.067
	11～15年	-0.090	-0.058	-0.010	-0.007	-0.130	-0.079	-0.239*	-0.092*	0.040	0.036	-0.079	-0.058
	16～20年	0.042	0.024	0.104	0.071	0.038	0.021	-0.020	-0.007	-0.004	-0.003	0.034	0.023
	21年及以上	-0.108	-0.067	-0.047	-0.035	-0.064	-0.037	-0.431*	-0.161*	-0.029	-0.025	-0.125	-0.090
专业	学前教育（参）												
	非学前教育	0.024	0.019	0.014	0.013	-0.013	-0.010	0.047	0.022	-0.081*	-0.090*	-0.006	-0.006
职务	教师（参）												
	教师兼任行政人员	-0.248**	-0.143**	-0.133*	-0.091*	-0.112	-0.062	-0.233	-0.081	-0.160**	-0.132**	-0.168**	-0.113**
最高学历	中等职业学校（含）以下毕业（参）												
	高等专科毕业	0.077	0.076	0.064	0.075	0.142*	0.133*	0.104	0.062	0.036	0.050	0.084	0.097
	大学本科毕业	-0.038	-0.036	-0.064	-0.073	0.007	0.007	-0.222*	-0.128*	-0.010	-0.014	-0.061	-0.068
	研究生毕业	-0.478**	-0.131**	-0.441**	-0.142**	-0.382*	-0.099*	-0.629*	-0.103*	-0.222*	-0.087*	-0.417**	-0.132**

续表

背景变量		专业认同（模型1）		乐业投入（模型2）		专业成长（模型3）		留业意愿（模型4）		专业伦理（模型5）		整体（模型6）	
		b	(β)	b	(β)	b	(β)	b	(β)	b	(β)	b	(β)
性质	公办园（参）												
	民办园	-0.045	-0.044	-0.061	-0.071	-0.038	-0.035	0.033	0.020	-0.031	-0.044	-0.030	-0.034
规模	5个（含）班级以下（参）												
	6~9个班级	0.042	0.040	0.049	0.055	0.029	0.026	-0.050	-0.029	0.012	0.016	0.017	0.019
	10个（含）班级以上	0.039	0.038	0.032	0.036	0.041	0.038	-0.105	-0.061	0.027	0.037	0.009	0.010
园龄	10年（含）以下（参）												
	11~20年	0.016	0.014	0.022	0.024	-0.017	-0.015	0.194*	0.107*	0.003	0.004	0.039	0.042
	21年及以上	0.023	0.022	0.033	0.037	0.003	0.002	0.127	0.071	-0.010	-0.014	0.032	0.035
常数		4.683***	4.753***	4.640***	4.334***	4.888***	4.672***						
F值		3.904***	4.537***	2.871***	3.638***	2.338***	4.050***						
R^2		0.101	0.116	0.077	0.095	0.063	0.105						
Adj-R^2		0.075	0.090	0.050	0.069	0.036	0.079						
最大VIF值		2.799	2.799	2.799	2.799	2.799	2.799						

* $p < 0.05$，** $p < 0.01$，*** $p < 0.001$。

（一）专业认同差异情形（模型1）

由回归分析检定结果可知，在 $p < 0.05$ 水平，年龄 40～49 岁教师的 β 值（0.148*），达到显著。在 $p < 0.01$ 水平，教师兼任行政人员的 β 值（-0.143**）、学历为研究生毕业教师的 β 值（-0.131**），均达到显著。表明上述背景变量的幼儿园教师"专业认同"表现与参照组别间差异显著，具有统计学意义。

（二）乐业投入差异情形（模型2）

由回归分析检定结果可知，在 $p < 0.05$ 水平，工作年限为 5～10 年教师的 β 值（0.115*）、教师兼任行政人员的 β 值（-0.091*），均达到显著。在 $p < 0.01$ 水平，学历为研究生毕业教师的 β 值（-0.142**），达到显著。表明上述背景变量的幼儿园教师"乐业投入"表现与参照组别间差异显著，具有统计学意义。

（三）专业成长差异情形（模型3）

由回归分析检定结果可知，在 $p < 0.05$ 水平，学历为高等专科毕业教师的 β 值（0.133*）、学历为研究生毕业教师的 β 值（-0.099*），均达到显著。表明上述背景变量的幼儿园教师"专业成长"表现与参照组别间差异显著，具有统计学意义。

（四）留业意愿差异情形（模型4）

由回归分析检定结果可知，在 $p < 0.05$ 水平，年龄 30～39 岁教师的 β 值（0.102*）、年龄 50 岁及以上教师的 β 值（0.125*）、工作年限 11～15 年教师的 β 值（-0.092*）、工作年限 21 年及以上教师的 β 值（-0.161*）、学历为大学本科毕业教师的 β 值（-0.128*）、学历为研究生毕业教师的 β 值（-0.103*）、园龄为 11～20 年教师的 β 值（0.107*），均达到显著。在 $p < 0.01$ 水平，年龄 40～49 岁教师的 β 值（0.159**）达到显著。表明上述背景变量的幼儿园教师"留业意愿"表现与参照组别间差异显著，具有统计学意义。

（五）专业伦理差异情形（模型5）

由回归分析检定结果可知，在 $p < 0.05$ 水平，非学前教育专业教师的 β 值

（-0.090*）、学历为研究生毕业教师的 β 值（-0.087*），均达到显著。在 $p < 0.01$ 水平，教师兼任行政人员的 β 值（-0.132**）达到显著。表明上述背景变量的幼儿园教师"专业伦理"表现与参照组别间差异显著，具有统计学意义。

（六）教师专业承诺整体差异情形（模型6）

由回归分析检定结果可知，在 $p < 0.05$ 水平，年龄40~49岁教师的 β 值（0.130*）达到显著。在 $p < 0.01$ 水平，教师兼任行政人员的 β 值（-0.113**）、学历为研究生毕业教师的 β 值（-0.132**），均达到显著。表明上述背景变量的幼儿园教师专业承诺整体表现程度与参照组别间差异显著，具有统计学意义。

（七）综合讨论

幼儿园教师专业承诺的整体及分构面差异情形，分别从年龄、工作年限、所学专业、担任职务、最高学历等不同个人背景变量和幼儿园性质、规模、建园园龄等不同幼儿园背景变量方面的差异情形讨论，汇整分述如下。

1. 年龄。不同年龄的教师专业承诺有显著差异。年龄为40~49岁教师"专业认同"显著高于未满30岁教师。年龄为30~39岁、40~49岁、50岁及以上的教师"留业意愿"显著高于未满30岁教师。其中，40~49岁教师最高，其次为50岁以上教师，再次为30~39岁教师。年龄为40~49岁的教师专业承诺整体显著高于未满30岁教师。探究其原因，不同年龄的教师从业时间不同，其职业阅历也会不同。年龄为40~49岁的教师，正处于职业发展成熟期，其专业情感与认知会更加稳定与深厚，而未满30岁教师相对处于职业发展新手期。

2. 工作年限。不同工作年限的幼儿园教师专业承诺有显著差异。工作年限5~10年的教师"乐业投入"显著高于工作年限未满5年的教师。工作年限11~15年、21年及以上的教师"留业意愿"显著低于工作年限未满5年的教师。探究其原因，在幼儿园场域中，工作年限5~10年的教师已经度过职业适应期，正处于职业发展上升期，其工作投入与表现会更加积极而有目标。而工作年限11~15年、21年及以上的教师，正处于职业发展的中期，对自身从事的专业较为熟悉，工作较为得心应手，如果缺乏持续的专业发展动力与目标，此时期较易产生职业倦怠与失落情绪。

3. 所学专业。不同所学专业的幼儿园教师专业承诺具有显著差异。研究结果显示，非学前教育专业教师"专业伦理"显著低于学前教育专业教师组别。探究其原因，学前教育专业教师在职前接受专业知能培育时，既要接受教师职业伦理的修习，也会从学前专业特质出发，修习学前教育专业伦理。而非学前教育专业教师从教师职业伦理与其自身专业特质出发修习专业伦理。

4. 担任职务。担任不同职务的幼儿园教师专业承诺具有显著差异。研究结果与张斐莉 2015 年以我国台湾地区桃园市幼儿园教师为研究对象、陈仲洁 2017 年以我国台湾地区桃、竹、苗三县市小学英语教师为研究对象、蔡琼莹 2015 年以我国台湾地区云林县小学教师为研究对象的研究发现类似。本研究结果显示，教师兼任行政人员"专业认同""乐业投入""专业伦理"及专业承诺整体显著低于专任教师组别。探究其原因，专任教师以教学工作为主，全部精力投注于教学任务之中，其专业知能也能够展现于实务中，同时会获取较高的专业满足感和成就感，进而提升专业承诺表现。教师兼任行政人员既需要处理行政事务又要面对教学任务，一身二任，需要在二者间不断转换与调整，在精力有限的前提下，则较易出现疲劳、倦怠。

5. 最高学历。不同学历的幼儿园教师在教师专业承诺具有显著差异。研究结果与张斐莉 2015 年以我国台湾地区桃园市幼儿园教师为研究对象的研究发现类似，但是，张斐莉研究显示，硕士以上、学士、专科、高中职学历的教师在专业承诺整体及各构面上，高学历教师表现高于低学历教师。本研究结果显示，学历为研究生毕业的教师"专业认同""乐业投入""专业伦理"及专业承诺整体显著低于中等职业学校（含）以下毕业的教师。学历为研究生毕业的教师"专业成长"显著低于中等职业学校（含）以下毕业的教师，而高等专科毕业的教师则显著高于中等职业学校（含）以下毕业的教师。学历为大学本科毕业、研究生毕业的教师"留业意愿"显著低于中等职业学校（含）以下毕业的教师，其中大学本科毕业的教师最低，其次为研究生毕业的教师。探究其原因，自 2010 年国家颁布中长期教育改革和发展规划纲要之后，学前教育才逐步受到各级各类教育主管机关的重视。近些年学前教育及教师待遇问题虽受到社会各界的普遍关注，但是，相较于各级各类学校教育及教师，幼儿园教师职业待遇仍旧相对较低，职业吸引力仍显不足，学前教育专业高学历毕业生入职幼儿园工作的教师仍较少，已入职的高学历教师也可能出现职业满足感和幸福感不足。

6. 幼儿园性质。不同性质幼儿园的教师专业承诺无显著差异。探究其原因，教师专业承诺是教师在专业认同、乐业投入、专业成长、留业意愿与专业伦理方面的承诺表现，无论是工作于公办幼儿园还是民办幼儿园的教师，其所承诺内容并无本质性差异。

7. 幼儿园规模。不同规模幼儿园的教师专业承诺无显著差异。研究结果与张斐莉 2015 年以我国台湾地区桃园市幼儿园教师为研究对象的研究发现类似。探究其原因，不同规模幼儿园的教师，其教师职业角色并无实质性差异，保育与教育均为其职业角色的核心工作任务，教师专业承诺的内容也不会因为幼儿园规模不同而改变。

8. 幼儿园建园园龄。不同建园园龄的幼儿园教师专业承诺具有显著差异。研究结果显示，建园园龄 11～20 年的教师"留业意愿"显著高于园龄 10 年（含）以下的教师。探究其原因，建园园龄 10 年（含）以下的幼儿园与园龄 11～20 年的幼儿园相比较，因其建园时间较短，园所各方面工作仍处在不断发展完善中，不足或尚未完善的地方较多，这些方面的不足与教师的职业期待可能产生落差。

第三节　幼儿园园长正念领导、教师学习文化与专业承诺的相关与预测分析

本节主要探讨幼儿园教师知觉的园长正念领导、教师学习文化与专业承诺彼此的相关与预测情形。首先，通过皮尔逊积差相关统计方法，分别对幼儿园园长正念领导、教师学习文化与专业承诺之间，以及园长正念领导、教师学习文化与专业承诺不同研究构面之间进行两两配对分析，验证幼儿园园长正念领导、教师学习文化与专业承诺之间是否具有相关情形。其次，通过回归分析，了解幼儿园园长正念领导、教师学习文化对教师专业承诺的预测情形。

一、幼儿园园长正念领导与教师学习文化的相关分析

邱皓政（2007）认为，积差相关系数为一标准化系数，其值不受变量单位与集中性的影响，系数值介于 1 与 –1 之间，越接近 1、–1 时，表示变量

的关联性越明显。❶ 依据邱皓政（2007）相关系数高低级距划分判准：相关系数绝对值在 0.39 以下为低度相关；相关系数绝对值在 0.40 ~ 0.69 为中度相关；相关系数绝对值在 0.70 以上为高度相关。❷ 依据上述标准，幼儿园园长正念领导与教师学习文化的相关情形，分别从整体相关情形及各构面相关情形进行验证，分述如下。

（一）幼儿园园长正念领导与教师学习文化整体相关分析

幼儿园园长正念领导与教师学习文化整体的相关情形见表 4 – 20。

表 4 – 20　幼儿园园长正念领导与教师学习文化整体相关分析摘要

项目	数值
皮尔逊相关性	0.878 **
显著性（双侧）	0.000
人数	678

** $p < 0.01$。

由表 4 – 20 相关分析结果，幼儿园园长正念领导与教师学习文化在 $p < 0.01$ 显著水平下，相关系数 $r = 0.878$，达到高度正相关，表明幼儿园园长实施正念领导程度越高，幼儿园教师的学习文化表现越佳。

（二）幼儿园园长正念领导与教师学习文化各构面相关分析

幼儿园园长正念领导与教师学习文化各构面的相关情形见表 4 – 21。

表 4 – 21　幼儿园园长正念领导与教师学习文化各构面相关分析摘要

构面	支持信任	资源共享	学习创新	教师学习文化整体
健康适性愿景	0.748 **	0.746 **	0.749 **	0.792 **
正向行动调节	0.726 **	0.755 **	0.803 **	0.808 **
互动信任关系	0.764 **	0.771 **	0.796 **	0.823 **
参与践行氛围	0.770 **	0.795 **	0.828 **	0.846 **
管理知能创价	0.804 **	0.767 **	0.796 **	0.834 **
园长正念领导整体	0.811 **	0.821 **	0.853 **	0.878 **

** $p < 0.01$。

---

❶ 邱皓政. 量化研究与统计分析 [M]. 台北：五南图书出版有限公司，2007.
❷ 邱皓政. 量化研究与统计分析 [M]. 台北：五南图书出版有限公司，2007.

由表 4 – 21 相关分析结果获知：

1. 幼儿园园长正念领导各构面与教师学习文化整体相关情形。幼儿园园长正念领导各构面与教师学习文化整体的相关系数介于 0. 792 ~ 0. 846，表明园长正念领导各构面与教师学习文化整体皆达到高度正相关。依据相关系数 r 值的高低次序为："参与践行氛围"（$r = 0. 846$）、"管理知能创价"（$r = 0. 834$）、"互动信任关系"（$r = 0. 823$）、"正向行动调节"（$r = 0. 808$）、"健康适性愿景"（$r = 0. 792$），表明园长正念领导各构面中，"参与践行氛围"构面与教师学习文化整体相关性最高，"健康适性愿景"构面与教师学习文化整体相关性相对较低。

2. 幼儿园园长正念领导整体与教师学习文化各构面相关情形。幼儿园园长正念领导整体与教师学习文化各构面的相关系数介于 0. 811 ~ 0. 853，表明园长正念领导整体与教师学习文化各构面皆达到高度正相关。依据相关系数 r 值的高低次序为："学习创新"（$r = 0. 853$）、"资源共享"（$r = 0. 821$）、"支持信任"（$r = 0. 811$），表明园长正念领导整体与教师学习文化的"学习创新"构面相关性最高，与"支持信任"构面相关性相对较低。

3. 幼儿园园长正念领导各构面与教师学习文化各构面相关情形。幼儿园园长正念领导各构面与教师学习文化各构面的相关系数介于 0. 726 ~ 0. 828，表明幼儿园园长正念领导各构面与教师学习文化各构面之间皆达到高度正相关。幼儿园园长正念领导中"参与践行氛围"构面与教师学习文化中"学习创新"构面相关性最高，幼儿园园长正念领导中"正向行动调节"构面与教师学习文化中"支持信任"构面相关性相对较低。

二、幼儿园园长正念领导与教师专业承诺的相关分析

幼儿园园长正念领导与教师专业承诺的相关情形，分别从整体的相关情形及各构面的相关情形进行验证，分述如下。

（一）幼儿园园长正念领导与教师专业承诺整体相关分析

幼儿园园长正念领导与教师专业承诺整体的相关情形见表 4 – 22。

表4－22 幼儿园园长正念领导与教师专业承诺整体相关分析摘要

项目	数值
皮尔逊相关性	0.752 **
显著性（双侧）	0.000
人数	678

** $p < 0.01$。

幼儿园园长正念领导与教师专业承诺在 $p < 0.01$ 显著水平下，相关系数 $r = 0.752$，达到高度正相关，表明幼儿园园长实施正念领导程度越高，幼儿园教师专业承诺表现越佳。

（二）幼儿园园长正念领导与教师专业承诺各构面相关分析

幼儿园园长正念领导与教师专业承诺各构面的相关情形见表4－23。

表4－23 幼儿园园长正念领导与教师专业承诺各构面相关分析摘要

构面	专业认同	乐业投入	专业成长	留业意愿	专业伦理	教师专业承诺整体
健康适性愿景	0.711 **	0.614 **	0.581 **	0.573 **	0.489 **	0.703 **
正向行动调节	0.681 **	0.608 **	0.571 **	0.584 **	0.455 **	0.692 **
互动信任关系	0.668 **	0.626 **	0.609 **	0.640 **	0.432 **	0.720 **
参与践行氛围	0.707 **	0.646 **	0.616 **	0.598 **	0.472 **	0.725 **
管理知能创价	0.653 **	0.554 **	0.607 **	0.562 **	0.404 **	0.668 **
园长正念领导整体	0.732 **	0.656 **	0.637 **	0.635 **	0.483 **	0.752 **

** $p < 0.01$。

由表4－23相关分析结果获知：

1. 幼儿园园长正念领导各构面与教师专业承诺整体相关情形。幼儿园园长正念领导各构面与教师专业承诺整体的相关系数介于 0.668～0.725，表明园长正念领导各构面与教师专业承诺整体达到中高度正相关。依据相关系数 r 值的高低次序为："参与践行氛围"（$r = 0.725$）、"互动信任关系"（$r = 0.720$）、"健康适性愿景"（$r = 0.703$）、"正向行动调节"（$r = 0.692$）、"管理知能创价"（$r = 0.668$），表明园长正念领导各构面中，"参与践行氛围"构面与教师专业承诺整体相关性最高，"管理知能创价"构面与教师专业承诺整体相关性相对较低。

2. 幼儿园园长正念领导整体与教师专业承诺各构面相关情形。幼儿园园长正念领导整体与教师专业承诺各构面的相关系数介于 0.483 ~ 0.732，表明园长正念领导整体与教师专业承诺各构面达到中高度正相关。依据相关系数 r 值的高低次序为："专业认同"（$r = 0.732$）、"乐业投入"（$r = 0.656$）、"专业成长"（$r = 0.637$）、"留业意愿"（$r = 0.635$）、"专业伦理"（$r = 0.483$），表明园长正念领导整体与教师专业承诺的"专业认同"构面相关性最高，与"专业伦理"构面相关性相对较低。

3. 幼儿园园长正念领导各构面与教师专业承诺各构面相关情形。幼儿园园长正念领导各构面与教师专业承诺各构面的相关系数介于 0.404 ~ 0.711，表明幼儿园园长正念领导各构面与教师专业承诺各构面之间达到中高度正相关。幼儿园园长正念领导中"健康适性愿景"构面与教师专业承诺中"专业认同"构面相关性最高，幼儿园园长正念领导中"管理知能创价"构面与教师专业承诺中"专业伦理"构面相关性相对较低。

三、幼儿园教师学习文化与教师专业承诺的相关分析

幼儿园教师学习文化与教师专业承诺的相关情形，分别从整体的相关情形及各构面的相关情形进行验证，分述如下。

（一）幼儿园教师学习文化与教师专业承诺整体相关分析

幼儿园教师学习文化与教师专业承诺整体的相关情形见表 4 – 24。

表 4 –24　幼儿园教师学习文化与教师专业承诺整体相关分析摘要

项目	数值
皮尔逊相关性	0.757 **
显著性（双侧）	0.000
人数	678

** $p < 0.01$。

幼儿园教师学习文化与教师专业承诺在 $p < 0.01$ 显著水平下，相关系数 $r = 0.757$，达到高度正相关，表明幼儿园教师学习文化表现程度越好，教师专业承诺表现越高。

（二）幼儿园教师学习文化与教师专业承诺各构面相关分析

幼儿园教师学习文化与教师专业承诺各构面的相关情形见表 4 – 25。

表 4 – 25　幼儿园教师学习文化与教师专业承诺各构面相关分析摘要

构面	专业认同	乐业投入	专业成长	留业意愿	专业伦理	教师专业承诺整体
支持信任	0. 625 **	0. 571 **	0. 610 **	0. 569 **	0. 398 **	0. 669 **
资源共享	0. 668 **	0. 623 **	0. 640 **	0. 559 **	0. 449 **	0. 702 **
学习创新	0. 735 **	0. 703 **	0. 681 **	0. 609 **	0. 477 **	0. 765 **
教师学习文化整体	0. 719 **	0. 673 **	0. 684 **	0. 613 **	0. 470 **	0. 757 **

$^{**}p < 0.01$。

由表 4 – 25 相关分析结果获知：

1. 幼儿园教师学习文化各构面与教师专业承诺整体相关情形。幼儿园教师学习文化各构面与教师专业承诺整体的相关系数介于 0. 669 ~ 0. 765，表明教师学习文化各构面与教师专业承诺整体达到中高度正相关。依据相关系数 r 值的高低次序为："学习创新"（$r = 0.765$）、"资源共享"（$r = 0.702$）、"支持信任"（$r = 0.669$），表明教师学习文化各构面中，"学习创新"构面与教师专业承诺整体相关性最高，"支持信任"构面与教师专业承诺整体相关性相对较低。

2. 幼儿园教师学习文化整体与教师专业承诺各构面相关情形。幼儿园教师学习文化整体与教师专业承诺各构面的相关系数介于 0. 470 ~ 0. 719，表明教师学习文化整体与幼儿园教师专业承诺各构面达到中高度正相关。依据相关系数 r 值的高低次序为："专业认同"（$r = 0.719$）、"专业成长"（$r = 0.684$）、"乐业投入"（$r = 0.673$）、"留业意愿"（$r = 0.613$）、"专业伦理"（$r = 0.470$），表明教师学习文化整体与教师专业承诺的"专业认同"构面相关性最高，与"专业伦理"构面相关性相对较低。

3. 幼儿园教师学习文化各构面与教师专业承诺各构面相关情形。幼儿园教师学习文化各构面与教师专业承诺各构面的相关系数介于 0. 398 ~ 0. 735，最低相关系数 0. 398，高于 0. 390，因而，幼儿园教师学习文化各构面与教师专业承诺各构面之间皆达到中高度正相关。幼儿园教师学习文化中"学习创新"构面与教师专业承诺中"专业认同"构面相关性最高，幼儿园教师学习文化中"支持信任"构面与教师专业承诺中"专业伦理"构面相关性相对较低。

四、幼儿园园长正念领导对教师学习文化的预测分析

依据吴明隆预测高低程度的级距：15.9%以下为低度预测力；16% ~ 48.9%为中度预测力；49%以上为高度预测力。[1] 幼儿园园长正念领导整体及各构面对教师学习文化的预测分析，分述如下。

(一) 园长正念领导整体对教师学习文化的预测分析

以进入回归分析幼儿园园长正念领导整体对教师学习文化的预测力，分析结果见表4-26。

表4-26　园长正念领导整体对教师学习文化预测分析摘要

构面	R	R^2	F
支持信任	0.811	0.658	1303.395 ***
资源共享	0.821	0.674	1398.720 ***
学习创新	0.853	0.728	1808.750 ***
教师学习文化整体	0.878	0.771	2278.864 ***

*** $p < 0.001$。

由表4-26预测分析结果获知，园长正念领导整体对教师学习文化整体具有高预测力，可以有效解释教师学习文化整体77.1%的变异量。检视园长正念领导整体对教师学习文化各构面的预测力，其中，对"学习创新"构面的预测力最高，可有效解释"学习创新"构面72.8%的变异量；其次为对"资源共享""支持信任"构面的预测力，可以解释的变异量依序为67.4%、65.8%，标准化回归系数 *Beta* 值，介于0.811~0.878，均为正数，表示园长正念领导整体对教师学习文化整体及各构面的影响均为正向，园长正念领导程度越高，教师学习文化表现越好。

(二) 园长正念领导构面对教师学习文化的预测分析

依据逐步回归分析园长正念领导各构面对教师学习文化的预测力，分述如下。

---

[1] 吴明隆. SPSS 操作与应用：问卷统计分析实务 [M]. 台北：五南图书出版有限公司，2009.

1. 园长正念领导各构面对教师学习文化整体预测情形。由表 4 - 27 获知，园长正念领导的"健康适性愿景""互动信任关系""参与践行氛围""管理知能创价" 4 个构面对教师学习文化整体预测力达到显著，共能解释 78.7% 的变异量。"参与践行氛围"构面的预测力最高，可以解释教师学习文化整体 71.6% 的变异量。而加入"管理知能创价""健康适性愿景""互动信任关系"构面之后，可增加解释变异量依序为 4.8%、1.9%、0.5%。上述解释变量的标准化回归系数 Beta 值均为正数，表示 4 个构面对教师学习文化整体的影响均为正向。

表 4 - 27　园长正念领导构面对教师学习文化整体预测分析摘要

构面	R	R^2	ΔR^2	F	β
参与践行氛围	0.846	0.716	—	1705.007 ***	0.250
管理知能创价	0.874	0.763	0.048	137.691 ***	0.335
健康适性愿景	0.885	0.782	0.019	58.162 ***	0.199
互动信任关系	0.888	0.787	0.005	15.921 ***	0.170

*** $p < 0.001$。

2. 园长正念领导各构面对支持信任预测情形。由表 4 - 28 获知，园长正念领导的"健康适性愿景""互动信任关系""管理知能创价" 3 个构面对"支持信任"构面的预测力达到显著，共能解释 70.1% 的变异量。"管理知能创价"构面的预测力最高，可解释"支持信任"构面 64.6% 的变异量。而加入"健康适性愿景""互动信任关系"构面之后，可增加的解释变异量依序为 4.5%、1.1%。上述解释变量的标准化回归系数 Beta 值均为正数，表示 3 个构面对"支持信任"构面的影响均为正向。

表 4 - 28　园长正念领导构面对支持信任预测分析摘要

构面	R	R^2	ΔR^2	F	β
管理知能创价	0.804	0.646	—	1236.302 ***	0.466
健康适性愿景	0.831	0.690	0.045	97.993 ***	0.228
互动信任关系	0.838	0.701	0.011	24.824 ***	0.205

*** $p < 0.001$。

3. 园长正念领导各构面对资源共享预测情形。由表 4 - 29 获知，园长正念领导的"健康适性愿景""互动信任关系""参与践行氛围""管理知能创价"4个构面对"资源共享"构面的预测力达到显著，共能解释 68.5% 的变异量。"参与践行氛围"构面的预测力最高，可解释"资源共享"构面 63.1% 的变异量。而加入"健康适性愿景""管理知能创价""互动信任关系"构面之后，可增加的解释变异量依序为 3.2% 、1.8% 、0.4% 。上述解释变量的标准化回归系数 Beta 值均为正数，表示4个构面对"资源共享"构面的影响均为正向。

表 4 – 29   园长正念领导构面对资源共享预测分析摘要

构面	R	R^2	ΔR^2	F	β
参与践行氛围	0.795	0.631	—	1160.720***	0.278
健康适性愿景	0.815	0.663	0.032	64.581***	0.211
管理知能创价	0.826	0.681	0.018	38.964***	0.250
互动信任关系	0.828	0.685	0.004	8.500**	0.151

** $p < 0.01$ ，*** $p < 0.001$ 。

4. 园长正念领导各构面对学习创新预测情形。由表 4 – 30 获知，园长正念领导的"健康适性愿景""正向行动调节""参与践行氛围""管理知能创价"4个构面对"学习创新"构面的预测力达到显著，共能解释 73.2% 的变异量。"参与践行氛围"构面的预测力最高，可解释"学习创新"构面 68.6% 的变异量。而加入"管理知能创价""正向行动调节""健康适性愿景"构面之后，可增加的解释变异量依序为 3.1% 、1.3% 、0.4% 。上述解释变量的标准化回归系数 Beta 值均为正数，表示4个构面对"学习创新"构面的影响均为正向。

表 4 – 30   园长正念领导构面对学习创新预测分析摘要

构面	R	R^2	ΔR^2	F	β
参与践行氛围	0.828	0.686	—	1477.233***	0.328
管理知能创价	0.847	0.716	0.031	73.027***	0.266
正向行动调节	0.854	0.728	0.013	32.338***	0.203
健康适性愿景	0.857	0.732	0.004	10.030**	0.117

** $p < 0.01$ ，*** $p < 0.001$ 。

五、幼儿园园长正念领导对教师专业承诺的预测分析

幼儿园园长正念领导整体及各构面对教师专业承诺的预测分析，分述如下。

（一）园长正念领导整体对教师专业承诺的预测分析

以进入回归分析幼儿园园长正念领导整体对教师专业承诺的预测力，分析结果见表4-31。

表4-31 园长正念领导整体对教师专业承诺预测分析摘要

构面	R	R^2	F
专业认同	0.732	0.536	781.978***
乐业投入	0.656	0.429	509.403***
专业成长	0.637	0.405	462.210***
留业意愿	0.635	0.402	455.897***
专业伦理	0.483	0.232	206.061***
教师专业承诺整体	0.752	0.565	879.411***

*** $p < 0.001$。

由表4-31预测分析结果获知，园长正念领导整体对教师专业承诺整体具有高预测力，可以有效解释教师专业承诺整体56.5%的变异量。检视园长正念领导整体对教师专业承诺各构面的预测力，其中，对"专业认同"构面的预测力最高，可有效解释"专业认同"构面53.6%的变异量；其次为对"乐业投入""专业成长""留业意愿""专业伦理"构面的预测力，可以解释变异量依序为42.9%、40.5%、40.2%、23.2%。其标准化回归系数 *Beta* 值介于0.483~0.752，均为正数，表示园长正念领导整体对教师专业承诺整体及各构面的影响均为正向，园长正念领导程度越高，教师专业承诺表现越好。

（二）园长正念领导构面对教师专业承诺的预测分析

依据逐步回归分析幼儿园园长正念领导各构面对教师专业承诺的预测力，分述如下。

1. 园长正念领导各构面对教师专业承诺整体预测情形。由表4-32获知，

园长正念领导的"健康适性愿景""互动信任关系""参与践行氛围"3 个构面对教师专业承诺整体预测力达到显著，共能解释 57.4% 的变异量。"参与践行氛围"构面的预测力最高，可解释教师专业承诺整体 52.5% 的变异量。而加入"健康适性愿景"和"互动信任关系"构面之后，可增加解释变异量依序为 4%、0.9%。上述解释变量的标准化回归系数 *Beta* 值均为正数，表示 3 个构面对教师专业承诺整体的影响均为正向。

表 4 – 32   园长正念领导构面对教师专业承诺整体预测分析摘要

构面	R	R^2	ΔR^2	F	β
参与践行氛围	0.725	0.525	—	749.480 ***	0.292
健康适性愿景	0.752	0.565	0.040	62.753 ***	0.281
互动信任关系	0.759	0.574	0.009	14.921 ***	0.231

*** $p < 0.001$。

2. 园长正念领导各构面对专业认同预测情形。由表 4 – 33 获知，园长正念领导的"健康适性愿景""参与践行氛围"2 个构面对"专业认同"构面的预测力达到显著，共能解释 55.6% 的变异量。"健康适性愿景"构面的预测力最高，可解释"专业认同"构面 50.5% 的变异量。而加入"参与践行氛围"构面之后，可增加解释变异量 5.1%。上述解释变量的标准化回归系数 *Beta* 值均为正数，对"专业认同"构面的影响均为正向。

表 4 – 33   园长正念领导构面对专业认同预测分析摘要

构面	R	R^2	ΔR^2	F	β
健康适性愿景	0.711	0.505	—	691.503 ***	0.403
参与践行氛围	0.746	0.556	0.051	78.259 ***	0.382

*** $p < 0.001$。

3. 园长正念领导各构面对乐业投入预测情形。由表 4 – 34 获知，园长正念领导的"健康适性愿景""参与践行氛围"2 个构面对"乐业投入"构面的预测力达到显著，共能解释 44.1% 的变异量。"参与践行氛围"构面的预测力最高，可解释"乐业投入"构面 41.7% 的变异量。而加入"健康适性愿景"构面之后，可增加解释变异量 2.5%。上述解释变量的标准化回归系数 *Beta* 值均为正数，对"乐业投入"构面的影响均为正向。

表 4 – 34　园长正念领导构面对乐业投入预测分析摘要

构面	R	R^2	ΔR^2	F	β
参与践行氛围	0.646	0.417	—	485.319 ***	0.433
健康适性愿景	0.665	0.441	0.025	29.930 ***	0.265

*** $p < 0.001$。

4. 园长正念领导各构面对专业成长预测情形。由表 4 – 35 获知，园长正念领导的"健康适性愿景""互动信任关系""参与践行氛围""管理知能创价" 4 个构面对"专业成长"构面的预测力达到显著，共能解释 41.8% 的变异量。"参与践行氛围"构面的预测力最高，可解释"专业成长"构面 37.8% 的变异量。而加入"管理知能创价""健康适性愿景""互动信任关系"构面之后，可增加解释变异量依序为 2.5%、1.2%、0.5%。上述解释变量的标准化回归系数 Beta 值均为正数，表示 4 个构面对"专业成长"构面的影响均为正向。

表 4 – 35　园长正念领导构面对专业成长预测分析摘要

构面	R	R^2	ΔR^2	F	β
参与践行氛围	0.616	0.378	—	413.180 ***	0.142
管理知能创价	0.636	0.403	0.025	28.529 ***	0.233
健康适性愿景	0.645	0.414	0.012	13.569 ***	0.148
互动信任关系	0.649	0.418	0.005	6.263 *	0.176

* $p < 0.05$，*** $p < 0.001$。

5. 园长正念领导各构面对留业意愿预测情形。由表 4 – 36 获知，园长正念领导的"健康适性愿景""互动信任关系" 2 个构面对"留业意愿"构面的预测力达到显著，共能解释 41.7% 的变异量。"互动信任关系"构面的预测力最高，可解释"留业意愿"构面 40.9% 的变异量。而加入"健康适性愿景"构面之后，可增加解释变异量 0.9%。上述解释变量的标准化回归系数 Beta 值均为正数，对"留业意愿"构面的影响均为正向。

表 4 – 36　园长正念领导构面对留业意愿预测分析摘要

构面	R	R^2	ΔR^2	F	β
互动信任关系	0.640	0.409	—	469.863 ***	0.511
健康适性愿景	0.647	0.417	0.009	10.218 **	0.160

** $p < 0.01$，*** $p < 0.001$。

6. 园长正念领导各构面对专业伦理预测情形。由表 4 – 37 获知，园长正念领导的"健康适性愿景""参与践行氛围"2 个构面对"专业伦理"构面的预测力达到显著，共能解释 25.4% 的变异量。"健康适性愿景"构面的预测力最高，可解释"专业伦理"构面 23.8% 的变异量。而加入"参与践行氛围"构面之后，可增加解释变异量 1.7% 。上述解释变量的标准化回归系数 Beta 值均为正数，对"专业伦理"构面的影响均为正向。

表 4 – 37　园长正念领导构面对专业伦理预测分析摘要

构面	R	R^2	ΔR^2	F	β
健康适性愿景	0.489	0.238	—	212.172 ***	0.310
参与践行氛围	0.506	0.254	0.017	15.759 ***	0.222

*** $p < 0.001$。

六、幼儿园教师学习文化对教师专业承诺的预测分析

幼儿园教师学习文化整体及各构面对教师专业承诺的预测分析，分述如下。

(一) 幼儿园教师学习文化整体对教师专业承诺的预测分析

以进入回归分析幼儿园教师学习文化整体对教师专业承诺的预测力，分析结果见表 4 – 38。

表 4 – 38　幼儿园教师学习文化整体对教师专业承诺预测分析摘要

构面	R	R^2	F
专业认同	0.719	0.516	722.427 ***
乐业投入	0.673	0.452	559.504 ***
专业成长	0.684	0.466	592.874 ***
留业意愿	0.613	0.375	407.194 ***
专业伦理	0.470	0.220	191.478 ***
教师专业承诺整体	0.757	0.572	904.662 ***

*** $p < 0.001$。

由表 4 – 38 预测分析结果获知，幼儿园教师学习文化整体对教师专业承诺整体具有高预测力，可有效解释教师专业承诺整体 57.2% 的变异量。检视幼

儿园教师学习文化整体对教师专业承诺各构面的预测力，其中，对"专业认同"构面的预测力最高，可有效解释"专业认同"构面51.6%的变异量，其次为对"专业成长""乐业投入""留业意愿""专业伦理"构面的预测力，可以解释变异量依序为46.6%、45.2%、37.5%、22%。上述解释变量的标准化回归系数 Beta 值介于0.470～0.757，均为正数，表示幼儿园教师学习文化整体对教师专业承诺整体及各构面的影响均为正向，教师学习文化越佳，教师专业承诺表现越好。

（二）幼儿园教师学习文化各构面对教师专业承诺的预测分析

依据逐步回归分析幼儿园教师学习文化各构面对教师专业承诺的预测力，分述如下。

1. 幼儿园教师学习文化各构面对教师专业承诺整体预测情形。由表4–39获知，教师学习文化的"学习创新""支持信任"2个构面对教师专业承诺整体的预测力达到显著，共能解释59.1%的变异量。"学习创新"构面的预测力最高，可解释教师专业承诺整体58.4%的变异量。而加入"支持信任"构面之后，可增加解释变异量0.7%。上述解释变量的标准化回归系数 Beta 值均为正数，表示对教师专业承诺整体的影响均为正向。

表4–39　幼儿园教师学习文化构面对教师专业承诺整体预测分析摘要

构面	R	R^2	ΔR^2	F	β
学习创新	0.765	0.584	—	952.965***	0.650
支持信任	0.769	0.591	0.007	11.316**	0.142

** $p < 0.01$，*** $p < 0.001$。

2. 幼儿园教师学习文化各构面对专业认同预测情形。由表4–40获知，幼儿园教师学习文化的"学习创新"构面对"专业认同"构面的预测力达到显著，可解释54%的变异量。其标准化回归系数 Beta 值为正数，表示"学习创新"构面对"专业认同"构面具有正向影响。

表4–40　幼儿园教师学习文化构面对专业认同预测分析摘要

构面	R	R^2	F	β
学习创新	0.735	0.540	794.742***	0.735

*** $p < 0.001$。

3. 幼儿园教师学习文化各构面对乐业投入预测情形。由表 4 – 41 获知，幼儿园教师学习文化的"学习创新"构面对"乐业投入"构面的预测力达到显著，可解释49.3%的变异量。其标准化回归系数 $Beta$ 值为正数，表示"学习创新"构面对"乐业投入"构面具有正向影响。

表 4 –41　幼儿园教师学习文化构面对乐业投入预测分析摘要

构面	R	R^2	F	β
学习创新	0.703	0.493	659.572 ***	0.703

*** $p < 0.001$。

4. 幼儿园教师学习文化各构面对专业成长预测情形。由表 4 – 42 获知，幼儿园教师学习文化的"学习创新""支持信任" 2 个构面对"专业成长"构面的预测力达到显著，共能解释47.2%的变异量。"学习创新"构面的预测力最高，可解释"专业成长"46.3%变异量。而加入"支持信任"构面之后，可增加解释变异量0.9%。上述解释变量的标准化回归系数 $Beta$ 值均为正数，表示对"专业成长"构面的影响均为正向。

表 4 –42　幼儿园教师学习文化构面对专业成长预测分析摘要

构面	R	R^2	ΔR^2	F	β
学习创新	0.464	0.463	—	585.498 ***	0.546
支持信任	0.474	0.472	0.009	12.028 **	0.166

** $p < 0.01$，　*** $p < 0.001$。

5. 幼儿园教师学习文化各构面对留业意愿预测情形。由表 4 – 43 获知，幼儿园教师学习文化的"学习创新""支持信任" 2 个构面对"留业意愿"构面的预测力达到显著，共能解释38.5%的变异量。"学习创新"构面的预测力最高，可解释"留业意愿"构面37%的变异量。而加入"支持信任"构面之后，可增加解释变异量1.6%。上述解释变量的标准化回归系数 $Beta$ 值均为正数，表示对"留业意愿"构面的影响均为正向。

表 4 –43　幼儿园教师学习文化构面对留业意愿预测分析摘要

构面	R	R^2	ΔR^2	F	β
学习创新	0.609	0.370	—	398.115 ***	0.432
支持信任	0.622	0.385	0.016	17.728 ***	0.218

*** $p < 0.001$。

6. 幼儿园教师学习文化各构面对专业伦理预测情形。由表 4 - 44 获知，幼儿园教师学习文化的"学习创新"构面对"专业伦理"构面的预测力达到显著，可解释 22.6% 的变异量。其标准化回归系数 *Beta* 值为正数，表示"学习创新"构面对"专业伦理"构面具正向影响。

表 4 - 44　幼儿园教师学习文化构面对专业伦理预测分析摘要

构面	R	R^2	F	β
学习创新	0.477	0.226	198.651 ***	0.477

*** $p < 0.001$。

七、综合讨论

综合上述幼儿园园长正念领导、教师学习文化与教师专业承诺的相关与预测分析，汇整讨论如下。

(一) 幼儿园园长正念领导与教师学习文化的相关

幼儿园园长正念领导整体与教师学习文化整体达到显著正相关，即幼儿园园长越能展现正念领导，幼儿园教师的学习文化表现越佳。幼儿园园长正念领导的"健康适性愿景""正向行动调节""互动信任关系""参与践行氛围""管理知能创价"各构面与教师学习文化整体显著正相关。教师学习文化的"支持信任""资源共享""学习创新"各构面与幼儿园园长正念领导整体显著正相关。幼儿园园长正念领导 5 个构面与教师学习文化 3 个构面之间皆达到显著正相关。

由上述研究结果获知，幼儿园园长如果能够从"健康适性愿景""正向行动调节""互动信任关系""参与践行氛围""管理知能创价" 5 个方面展现其正念领导，可以促进幼儿园教师在"支持信任""资源共享""学习创新"等几个方面学习文化的发展。目前，园长正念领导尚未见相关研究，但已有研究成果表明教育场域中管理者的领导行为确能对教师学习文化产生显著正向影响。施佩芳 2010 年研究指出，我国台湾地区公立小学校长知识领导运用越好，教师学习文化也越佳。林新发等人 2011 年研究指出，上海市、台北市和香港地区小学校长正向领导对学习文化的直接效果为 0.75 (大效果)，达到正向显著效果。可见，本研究结论与上述两位学者以小学教师为研究对象的研究发现类似，幼儿园园长、学校校长作为学校组织的领导者，其领导行为与教师学习文化具有正向影响关系。

（二）幼儿园园长正念领导与教师专业承诺的相关

幼儿园园长正念领导与教师专业承诺达到显著正相关，即幼儿园园长越展现出正念领导，幼儿园教师专业承诺表现越佳。幼儿园园长正念领导的"健康适性愿景""正向行动调节""互动信任关系""参与践行氛围""管理知能创价"各构面与教师专业承诺整体达到中高度正相关。教师专业承诺的"专业认同""乐业投入""专业成长""留业意愿""专业伦理"各构面与幼儿园园长正念领导整体达到中高度正相关。幼儿园园长正念领导5个构面与教师专业承诺5个构面之间也达到中高度正相关。

由上述研究结果获知，幼儿园园长如果能够从"健康适性愿景""正向行动调节""互动信任关系""参与践行氛围""管理知能创价"5个方面展现其正念领导，可以较好地提升幼儿园教师"专业认同""乐业投入""专业成长""留业意愿""专业伦理"等几个方面的专业承诺。园长正念领导尚未见相关研究，但已有研究成果表明教育场域中园长的不同领导行为确能对教师专业承诺产生显著影响。张斐莉2015年研究指出，我国台湾地区桃园市幼儿园园长道德领导与教师专业承诺具有显著的典型相关。黄淑萍2018年研究指出，我国台湾地区桃园市公立和私立幼儿园园长正向领导与教师专业承诺之间具有显著正相关，幼儿园园长正向领导对教师专业承诺具有正向预测力。可见，本研究结论与上述研究发现类似，园长的领导行为与教师专业承诺具有正向影响关系。

（三）幼儿园教师学习文化与教师专业承诺的相关

幼儿园教师学习文化与教师专业承诺达到显著正相关，表明幼儿园教师学习文化表现程度越好，教师专业承诺表现越佳。幼儿园教师学习文化的"支持信任""资源共享""学习创新"各构面与教师专业承诺整体达到中高度正相关。幼儿园教师学习文化整体与教师专业承诺的"专业认同""乐业投入""专业成长""留业意愿""专业伦理"各构面达到中高度正相关。幼儿园教师学习文化3个构面与教师专业承诺5个构面之间也达到中高度正相关。

由上述研究结果获知，幼儿园教师学习文化的"支持信任""资源共享""学习创新"表现越佳，教师的"专业认同""乐业投入""专业成长""留业意愿""专业伦理"等几个方面的专业承诺水平表现越高。虽然幼儿园教师学习文化与专业承诺关系尚未见相关研究，但陈木金等 2006 年对我国台湾地区小学教师学习文化的研究指出，台北市小学教师学习文化整体及各构面与教师专业承诺整体及各构面之间具有显著的正相关，学习文化中"重视学习的核心价值""鼓励学习的合作社群""方便学习的结构管道""强化学习的经营模式"四个构面对教师专业承诺具有显著的预测力。可见，本研究结论与上述研究发现类似，即幼儿园教师学习文化对教师专业承诺具有影响关系。

（四）幼儿园园长正念领导、教师学习文化对教师专业承诺的预测

　　幼儿园园长正念领导整体、教师学习文化整体对教师专业承诺均具有正向影响，达到高预测力，表明园长正念领导运用越好、教师学习文化越好，则教师专业承诺表现越佳。其中，园长正念领导整体对"支持信任""资源共享""学习创新""专业认同"等构面皆达到高预测力。教师学习文化整体对"专业认同"构面具有高预测力，即园长经由"健康适性愿景""正向行动调节""互动信任关系""参与践行氛围""管理知能创价"等几个方面展现正念领导行为，借由"支持信任""资源共享""学习创新"等几个方面形塑教师学习文化，则有利于教师提升"专业认同"承诺的表现。

　　考验园长正念领导各构面的预测力，首先，园长正念领导的"参与践行氛围"构面对教师学习文化整体及"资源共享""学习创新"构面皆达到高预测力，表明园长在园务领导中，如果能够营造参与践行氛围，则较易激发教师学习文化、资源共享、学习创新行为等方面的表现。其次，园长正念领导的"参与践行氛围"构面对教师专业承诺整体、"健康适性愿景"构面对"专业认同"构面，均达到高预测力，表明在幼儿园管理实务中，园长如果经由"参与践行氛围""健康适性愿景"等方面展现正念领导，则有利于提升教师专业承诺表现。探究其原因，工作场域中，下属与领导之间人际关系如果紧张、疏离，教师则较易游离于组织发展边缘，不易为组织发展倾其心力，久而久之，容易成为教师学习行为动能缺乏、承诺表现欠佳的诱因。园长如果能够以健康适性愿景营造教师积极参与及投入的组织氛围，则较容易提升幼儿园教师学习文化及专业承诺的表现。

考验幼儿园教师学习文化各构面的预测力，教师学习文化的"学习创新"构面对教师专业承诺整体具有显著正向影响，而且达到高预测力。而教师学习文化的"学习创新"构面对教师专业承诺的"专业认同""乐业投入"承诺皆达到高预测力，表明经由鼓励幼儿园教师"学习创新"，可提升幼儿园教师"专业认同""乐业投入"方面的承诺。探究其原因，幼儿园教师如果能够借由支持性资源与途径，不断学习，并创新实践于幼儿园实务中，则有利于增强教师自身的专业认知，深入理解专业意义与专业价值，进而有利于提升"专业认同""乐业投入"方面的承诺表现。

综合上述分析，幼儿园园长正念领导、幼儿园教师学习文化与教师专业承诺之间存在显著的正相关，园长正念领导整体、教师学习文化整体对教师专业承诺均具有高预测力。而其影响的路径与影响效果究竟为何，需由 SEM 结构方程模型进一步探寻与分析。

第四节 幼儿园园长正念领导、教师学习文化与专业承诺的结构方程模型分析

本节目的在于利用结构方程模型，进行中介变量分析，验证以幼儿园教师学习文化为中介变量，幼儿园园长正念领导与教师专业承诺关系的结构方程与实证资料是否相适配。另外，分析园长正念领导可否通过形塑教师学习文化，进而提高教师专业承诺，教师学习文化是否具有中介效果，中介效果如何。

一、结构方程模型建构

本研究旨在建构"幼儿园园长正念领导、教师学习文化与教师专业承诺"的结构方程模型，首先考察变量的偏态系数与峰度系数绝对值，观察变量符合常态分配，可以进行结构方程模型分析。

（一）基本适配度检验

由表 4 - 45 模型基本适配度检定结果可知，"幼儿园园长正念领导、教师

学习文化与教师专业承诺"模型的基本适配指标均达到检验标准，表明估计结果的基本适配指标良好，没有违反模型辨认规则。

表4-45 "幼儿园园长正念领导、教师学习文化与教师专业承诺"基本适配度检定摘要

检定项目	检定结果	模型适配判断
是否没有负的误差变异量	均为正数	是
因素负荷量是否介于0.50~0.95	0.65~0.95	是
是否没有很大的标准误差	0.018~0.062	是

（二）整体模型适配度检验

"幼儿园园长正念领导、教师学习文化与教师专业承诺"的结构方程模型见图4-1。

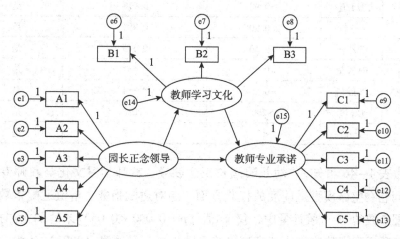

图4-1 "幼儿园园长正念领导、教师学习文化与专业承诺"结构方程图

"幼儿园园长正念领导、教师学习文化与教师专业承诺"整体模型，根据Amos所提供的修正指标（MI）进行模型修正，修正后各项适配指标值均基本达到模型可接受的标准。"幼儿园园长正念领导、教师学习文化与教师专业承诺"整体模型适配度检定结果数据见表4-46。

表 4 - 46 "幼儿园园长正念领导、教师学习文化与教师专业承诺"整体模型适配度检定摘要

统计检定量		适配标准或临界值	检定结果数据	模型适配判断
绝对适配度指数	x^2 值	$p > 0.05$	233.932（$p = 0.000 < 0.05$）	否
	RMR 值	< 0.05	0.014	是
	RMSEA 值	< 0.05（佳） $0.05 \sim 0.08$（尚可） $0.08 \sim 0.10$（普通）	0.072	是（尚可）
	GFI 值	> 0.90（佳） > 0.80（尚可）	0.950	是（佳）
	AGFI 值	> 0.90（佳） > 0.80（尚可）	0.912	是（佳）
增值适配度指数	NFI 值	> 0.90	0.977	是
	RFI 值	> 0.90	0.965	是
	IFI 值	> 0.90	0.982	是
	TLI 值	> 0.90	0.973	是
	CFI 值	> 0.90	0.982	是
简约适配度指数	PGFI 值	> 0.50	0.543	是
	PNFI 值	> 0.50	0.651	是
	PCFI 值	> 0.50	0.654	是
	CN 值	> 200	203	是
	x^2/df	< 5	4.499	是

由表 4 - 46 可知，"幼儿园园长正念领导、教师学习文化与教师专业承诺"问卷在整体模型适配度的检验方面，绝对适配指数、增值适配指数、简约适配指数的 15 个统计量中，仅 x^2 值（$p = 0.000 < 0.05$）未达到检测指标，其余各项适配指数值均达到模型可接受的标准。吴明隆（2007）认为，由于 x^2 值容易受到样本数大小的影响，当样本数较大时，x^2 值相对会变大，显著性概率值 p 会变小，容易出现假设模型被拒绝的情形。❶ 并且模型内每个估计参数均达到显著水平（$p < 0.05$），皆大于 1.96（t 值介于 3.759 ~ 44.87），x^2/df 值为 4.499，小于 5，达到可接受标准。综合上述结果，本研究的"幼儿园园长正念领导、教师学习文化与教师专业承诺"模型的内在质量和外在质量皆较佳，模型适配度较理想。

---

❶ 吴明隆. 结构方程模式：Amos 的操作与应用 [M]. 台北：五南图书出版有限公司，2007.

二、影响效果分析

（一）直接效果分析

本研究采用偏差校正拔靴法，重复抽取 5000 次获取样本，进行参数估计，考验园长正念领导对教师专业承诺的直接影响效果。幼儿园园长正念领导与教师专业承诺直接效果模型图，见图 4-2。

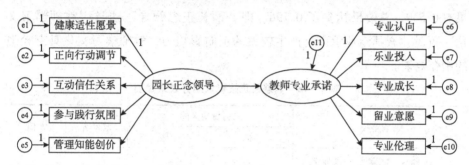

图 4-2　"幼儿园园长正念领导与教师专业承诺"模型图

幼儿园园长正念领导与教师专业承诺的直接效果值摘要见表 4-47。

表 4-47　偏差校正拔靴法直接效果摘要

影响路径	95% 置信区间		效果值	P 值
	下限	上限		
园长正念领导→教师专业承诺	0.730	0.850	0.796 **	0.001

** $p < 0.01$。

由表 4-47 可知，幼儿园园长正念领导对教师专业承诺具有显著影响，直接效果为 0.796，即幼儿园园长正念领导越好，教师专业承诺越高。

（二）中介效果分析

本研究采用偏差校正拔靴法，重复抽取 5000 次获取样本进行参数估计，考验教师学习文化对园长正念领导与教师专业承诺的中介影响效果。

由表 4-48 可知，园长正念领导对教师专业承诺的总效果的 95% 置信区间为 0.730~0.850，不包括 0，显示总效果达到显著，中介影响作用存在。园长正念领导对教师专业承诺的间接效果的 95% 置信区间为 0.273 ~ 0.824，显示间接效果达到显著，中介影响作用存在。而园长正念领导对教师专业承诺的直接效果，在投入教师学习文化变量之后，由 0.796 降为 0.257，教师学习文化对园长正念领导与教师专业承诺的中介影响效应较强。也就是说"教师学习文化"对"园长正念领导"和"教师专业承诺"的中介影响效果情形为："园长正念领导"对"教师专业承诺"的直接效果仅有 0.257，直接影响效果较弱；"教师学习文化"对"教师专业承诺"的直接效果则有 0.590；而"园长正念领导"透过"教师学习文化"对"教师专业承诺"产生的间接影响效果有 0.539，总效果达到了 0.796。即"园长正念领导"透过"教师学习文化"可对"教师专业承诺"产生较大的正向影响力，教师学习文化具有较强的中介效果。

表 4 - 48　偏差校正拔靴法中介效果摘要

影响路径		95% 置信区间		效果值	P 值
		下限	上限		
直接效果	园长正念领导→教师学习文化	0.861	0.947	0.914**	0.001
	园长正念领导→教师专业承诺	-0.052	0.553	0.257	0.107
	教师学习文化→教师专业承诺	0.284	0.887	0.590**	0.001
间接效果	园长正念领导→教师专业承诺	0.273	0.824	0.539**	0.001
总效果	园长正念领导→教师专业承诺	0.730	0.850	0.796**	0.001

**$p < 0.01$。

三、综合讨论

本研究采用最大概似法进行模型估计，由整体适配度检定结果，本研究"幼儿园园长正念领导、教师学习文化与教师专业承诺关系"的理论模式，除 x^2 值未能符合检定规准外，其余 14 项检定指标的整体适配度良好。

由模型的影响效果获知，"园长正念领导"对"教师专业承诺"的直接效果仅有 0.257，而"园长正念领导"透过"教师学习文化"对"教师专业承诺"产生的间接影响效果有 0.539，总效果则达到 0.796。已有研究成果中虽然未见有关园长正念领导、教师学习文化对教师专业承诺影响的相关研究，但施佩芳 2010 年以我国台湾地区的北、中、南、东四区的公立小学教师为研究对象发现校长知识领导运用越好，教师学习文化越佳，教师专业发展也越佳；校长知识领导与教师学习文化对整体教师专业发展具有中度且正向显著的预测力，对教师专业发展整体有 29.7% 的中度解释力。陈木金等人 2006 年的研究指出，我国台湾地区台北市小学教师学习文化整体及各构面与教师专业承诺整体及各构面之间具有显著正相关，学习文化中 4 个构面对教师专业承诺具有显著预测力。可见，校长领导行为确实能够正向影响教师学习文化，且教师学习文化也能够对教师专业承诺具有正向预测作用。探究其原因：校长作为学校组织机构的领导者，如果能够塑造学校发展愿景，信任且重视与教师的互动交流，能够与教师形成共识，则能激发教师潜能，使教师具有为达成组织目标而努力工作和学习的动机，推动学校形成学习和知识分享的文化氛围，促进教师在不断完善专业知能中提升专业自信和专业效能感，进而在工作实务中呈现较高的专业承诺表现。

本研究结果与上述研究类似。本研究发现幼儿园园长如果能够以正念领导带动幼儿园教师学习文化的发展，进而可提升教师的专业承诺表现，即教师专业承诺的高低深受教师学习文化发展的影响，而园长正念领导如果未以教师学习文化为中介，其对教师专业承诺的预测性和影响均会较低；在园长正念领导带动教师学习文化发展的前提下，教师专业承诺表现才会更高。

本研究提出的"园长正念领导、教师学习文化与教师专业承诺关系"理论架构模型，符合结构方程模型适配度指标，此理论模型与实证资料适配度良好，并且可以确认三者之间具有正向的影响关系，即园长越能表现出正念领导，越能带动教师学习文化的发展，则教师专业承诺表现就会越高；同时，园长如果想要提高教师的专业承诺表现，也应透过形塑教师学习文化，以获得更佳的实践结果和表现。

第五章　研究结论与建议

本研究的目的在于了解"园长正念领导"和"教师学习文化"对"教师专业承诺"的影响，并建构结构方程模型。本研究以 678 位幼儿园教师为研究样本，经描述性统计、差异分析、相关分析、验证性因素分析及结构方程模型等统计方法进行统计资料处理，最后依据统计结果进行分析讨论，希望能够获得具体结论，并据以提出具体建议作为幼儿园园长、幼儿园教师、教育行政机关、幼儿园师资培育机构参考应用。本章共分为两节，第一节主要说明问卷调查的研究结论；第二节提出建议，供幼儿园园长、幼儿园教师、教育行政机关、幼儿园师资培育机构参考。

第一节　研究结论

根据前述研究数据统计分析结果，获知本研究结论，分述如下。

一、幼儿园教师知觉园长正念领导为高程度，其中以"健康适性愿景"表现最高，"管理知能创价"相对最低，有待加强

根据研究结果发现，教师知觉园长正念领导整体及各构面的表现较好，均达到 4.5 分以上，表明幼儿园园长正念领导整体现况属于"高程度"表现。在各构面中，以"健康适性愿景"构面平均分数得分最高，其次为"正向行动调节""参与践行氛围""互动信任关系"构面，得分最低的为"管理知能创价"构面。在各题项中，得分最高的是第 1 题"本园各项活动能以促进幼儿健康成长为目标"；得分最低的是第 22 题"幼儿园能够为教师专业发展提供经费"。

二、幼儿园教师的学习文化属佳程度，其中以"学习创新"表现最佳，"支持信任"相对最低，亟待改进

根据研究结果发现，教师学习文化整体及各构面表现较好，均达到 4.5 分以上，表明幼儿园教师学习文化整体现况属于"佳程度"表现。在各构面中，以"学习创新"构面最佳，其次为"资源共享"构面，再次为"支持信任"构面。在各题项中，得分最高的是第 31 题"本园教师能够互相协作，共同解决实务中遇到的问题"；得分最低的是第 25 题"本园近五年来有邀请幼教专家来园做讲座、研习"。

三、幼儿园教师的专业承诺属高程度，其中以"专业伦理"表现最高，"留业意愿"相对较低，尚需提升

根据研究结果发现，教师专业伦理整体及各构面表现较好，均达到 4.3 分以上，表明幼儿园教师专业伦理整体现况属于"高程度"表现。在各构面中，以"专业伦理"构面平均分数得分最高，其次为"乐业投入""专业认同""专业成长"构面，得分最低的为"留业意愿"构面。在各题项中，得分最高的是第 55 题"我遵守幼儿园的规章制度"；得分最低的是第 53 题"我有更换幼儿园教师职业的想法"。

四、不同年龄、担任职务、最高学历、幼儿园规模、园龄的幼儿园教师知觉园长正念领导有显著差异

根据研究结果发现，不同年龄、担任职务、最高学历、幼儿园规模、园龄的幼儿园教师，知觉园长正念领导有显著差异，分述如下。

1. 从幼儿园教师年龄角度，年龄为 30~39 岁、40~49 岁的幼儿园教师对园长正念领导整体及"健康适性愿景""正向行动调节""互动信任关系"构面的知觉程度均显著高于年龄未满 30 岁的教师。

2. 从幼儿园教师担任职务角度，教师兼任行政人员对园长正念领导整体及"健康适性愿景""正向行动调节""互动信任关系""参与践行氛围""管

理知能创价"五个研究构面的知觉程度显著低于幼儿园专任教师组别。

3. 从幼儿园教师学历角度，学历为研究生毕业的教师对园长正念领导整体及"健康适性愿景""正向行动调节""互动信任关系""参与践行氛围""管理知能创价"五个研究构面的知觉程度显著低于中等职业学校（含）以下毕业的教师。学历为高等专科毕业的幼儿园教师知觉"管理知能创价"构面的程度显著高于中等职业学校（含）以下毕业的教师。

4. 从幼儿园规模角度，规模为 10 个（含）班级以上的教师对"互动信任关系"构面知觉程度显著低于 5 个（含）班级以下的教师。

5. 从幼儿园建园园龄角度，园龄为 11～20 年、21 年（含）以上的教师对"健康适性愿景"构面的知觉程度显著高于 10 年（含）以下的教师。园龄为 11～20 年的教师知觉"互动信任关系"构面的程度显著高于园龄 10 年（含）以下的教师。

五、不同工作年限、担任职务、最高学历的幼儿园教师学习文化有显著差异

根据研究结果发现，不同工作年限、担任职务、最高学历的幼儿园教师知觉教师学习文化有显著差异，分述如下。

1. 从幼儿园教师工作年限角度，工作年限为 5～10 年的教师对教师学习文化整体及"学习创新"构面的知觉程度显著高于工作年限未满 5 年的教师。

2. 从幼儿园教师担任职务角度，教师兼任行政人员对教师学习文化整体及"支持信任""资源共享""学习创新"构面的知觉程度显著低于教师组别。

3. 从幼儿园教师学历角度，学历为研究生毕业的教师对学习文化整体及"支持信任""资源共享""学习创新"构面的知觉程度显著低于中等职业学校（含）以下毕业的教师。学历为高等专科毕业的教师知觉"学习创新"构面的程度显著高于中等职业学校（含）以下毕业的教师。

六、不同年龄、工作年限、所学专业、担任职务、最高学历、园龄的幼儿园教师专业承诺有显著差异

根据研究结果发现，不同年龄、工作年限、所学专业、担任职务、最高学历、园龄的幼儿园教师专业承诺表现有显著差异，分述如下。

1. 从幼儿园教师年龄角度，年龄为 40~49 岁的教师"专业认同"表现显著高于未满 30 岁的教师。年龄为 30~39 岁、40~49 岁、50 岁及以上的教师"留业意愿"表现显著高于未满 30 岁的教师，其中，40~49 岁的教师最高，其次为 50 岁及以上的教师，再次为 30~39 岁的教师。年龄为 40~49 岁的教师专业承诺整体表现显著高于未满 30 岁的教师。

2. 从幼儿园教师工作年限角度，工作年限为 5~10 年的教师"乐业投入"表现显著高于工作年限未满 5 年的教师。工作年限为 11~15 年、21 年及以上的教师"留业意愿"表现显著低于工作年限未满 5 年的教师。

3. 从幼儿园教师所学专业角度，非学前教育专业教师"专业伦理"表现显著低于学前教育专业教师组别。

4. 从幼儿园教师担任职务角度，教师兼任行政人员专业承诺整体及"专业认同""乐业投入""专业伦理"表现显著低于教师组别。

5. 从幼儿园教师学历角度，学历为研究生毕业的教师专业承诺整体及"专业认同""乐业投入""专业伦理"表现显著低于中等职业学校（含）以下毕业的教师。学历为研究生毕业的教师"专业成长"表现显著低于中等职业学校（含）以下毕业的教师，而高等专科毕业的教师则显著高于中等职业学校（含）以下毕业的教师。学历为大学本科毕业、研究生毕业的教师"留业意愿"表现显著低于中等职业学校（含）以下毕业的教师。

6. 从幼儿园建园园龄角度，建园园龄为 11~20 年的教师"留业意愿"表现显著高于园龄为 10 年（含）以下的教师。

七、"园长正念领导""教师学习文化""教师专业承诺"两两之间具有显著正相关

根据研究结果发现，幼儿园园长正念领导、教师学习文化与教师专业承诺

整体两两之间具有高度正相关，园长正念领导、教师学习文化与教师专业承诺各构面之间具有中高度正相关，分述如下。

1. 园长正念领导整体与教师学习文化整体达高度正相关。园长正念领导各构面与教师学习文化整体也达到高度正相关。园长正念领导各构面与教师学习文化各构面之间皆达到高度正相关。其中，以"参与践行氛围"构面与"学习创新"构面相关性最高。

2. 园长正念领导整体与教师专业承诺整体达到高度正相关。园长正念领导各构面与教师专业承诺整体之间，"管理知能创价""健康适性愿景"构面与教师专业承诺整体之间皆为中度正相关，而"正向行动调节""互动信任关系""参与践行氛围"三个构面与教师专业承诺整体之间皆达到高度正相关。

园长正念领导各构面与教师专业承诺各构面之间相关结果为，"健康适性愿景"构面与"专业认同"构面达到高度正相关，而与"乐业投入""专业成长""留业意愿""专业伦理"构面达到中度正相关。"正向行动调节"构面与"专业认同""乐业投入""专业成长""留业意愿""专业伦理"构面均达到中度正相关。"互动信任关系"构面与"专业认同""乐业投入""专业成长""留业意愿""专业伦理"构面均达到中度正相关。"参与践行氛围"构面与"专业认同"构面达到高度正相关，而与"乐业投入""专业成长""留业意愿""专业伦理"构面达到中度正相关。"管理知能创价"构面与"专业认同""乐业投入""专业成长""留业意愿""专业伦理"构面均达到中度正相关。

3. 幼儿园教师学习文化整体与教师专业承诺整体达到高度正相关。幼儿园教师学习文化各构面与教师专业承诺整体之间，"支持信任"构面与教师专业承诺整体之间为中度正相关，而"资源共享""学习创新"两个构面与教师专业承诺整体之间达到高度正相关。

幼儿园教师学习文化各构面与教师专业承诺各构面之间相关结果为，"支持信任"构面与"专业认同""乐业投入""专业成长""留业意愿"构面达到中度正相关，而与"专业伦理"构面达到低度正相关。"资源共享"构面与"专业认同""乐业投入""专业成长""留业意愿""专业伦理"构面达到中度正相关。"学习创新"构面与"专业认同""乐业投入"构面达到高度正相关，而与"专业成长""留业意愿""专业伦理"构面达到中度正相关。

八、"园长正念领导""教师学习文化"对"教师专业承诺"具有高度预测力,"参与践行氛围"构面对教师学习文化具有高度预测力,"学习创新"构面对教师专业承诺具有高度预测力

园长正念领导整体、教师学习文化整体对教师专业承诺均具有正向影响,达到高度预测力,表明园长正念领导运用越好、教师学习文化建设越好,则教师专业承诺表现越佳。其中,园长正念领导整体对教师专业承诺的"专业认同"承诺最具有预测力,预测力为 53.6%。

首先,从分构面角度来看,园长正念领导的"参与践行氛围"构面对教师学习文化整体具有显著正向影响,达到高度预测力。其中,"参与践行氛围"构面对"学习创新"构面预测力最高,预测力为 68.6%。其次,园长正念领导的"健康适性愿景""互动信任关系"两个构面对教师专业承诺整体具有显著正向影响,达到低度预测力。其中,"互动信任关系"构面对"留业意愿"承诺预测力最高,预测力为 41.0%。最后,教师学习文化的"学习创新"构面对教师专业承诺整体具有显著正向影响,达到高度预测力。其中,"学习创新"构面对"专业认同"承诺预测力最高,预测力为 54.0%。

九、幼儿园园长正念领导、教师学习文化与专业承诺的关系模型具有良好适配度

"幼儿园园长正念领导、教师学习文化与专业承诺"在整体模型适配度的检验方面,绝对适配指标、增值适配指标、简约适配指标的 15 个统计量中,仅 x^2 值($p < 0.05$)未达到检测指标。其余各项适配指标值均达到模型可接受的标准。表明本研究"幼儿园园长正念领导、教师学习文化与专业承诺"模型的外在质量较佳。并且,模型内每个估计参数均达到显著水平($p < 0.05$,t 值介于 3.759~44.87)。并且,CFA 测量模型中没有发生观察变量横跨两个因素构面的情形,建构的不同测量变量均落在预期的因素构面上面,测量模型有良好的区别效度。本研究的理论模型与样本资料基本契合,模型适配度较理想。

十、园长正念领导可透过形塑教师学习文化增进教师专业承诺，教师学习文化具有较强的中介效果

由研究结果可知，"园长正念领导"对"教师专业承诺"的直接效果，在投入教师学习文化变量之后，由 0.796 降为 0.257，而"园长正念领导"透过"教师学习文化"对"教师专业承诺"产生的间接效果为 0.539，总效果达到0.796，表明园长正念领导对教师专业承诺的影响有显著总效果，园长正念领导会透过教师学习文化影响教师专业承诺，即教师学习文化是园长正念领导与教师专业承诺的中介因素，且具有较强的中介效果。

十一、园长正念领导对教师学习文化的影响力为大效果，教师学习文化对教师专业承诺的影响力为大效果，园长正念领导对教师专业承诺的直接效果为中效果，园长正念领导对教师专业承诺的总效果为大效果

科恩（1988）提出，以标准化路径系数的绝对值为判断标准，小于 0.10为小效果，0.30 左右为中效果，0.50 以上为大效果。❶ 本研究中，由研究结果可知，"园长正念领导"对"教师学习文化"影响的直接效果为 0.914，无间接效果，故总效果也为 0.914，表明园长正念领导对教师学习文化的影响力为大效果。"教师学习文化"对"教师专业承诺"影响的直接效果为 0.590，无间接效果，故总效果也为 0.590，表明教师学习文化对教师专业承诺的影响力为大效果。"园长正念领导"对"教师专业承诺"的直接效果为 0.257，表明园长正念领导对教师专业承诺的直接影响力为中效果。而"园长正念领导"透过"教师学习文化"对"教师专业承诺"总效果达到 0.796，表明园长正念领导对教师专业承诺的总效果也为大效果。因此，园长在园务领导与管理中，如能以正念领导形塑教师学习文化，将有利于提升教师专业承诺。

---

❶ 转引自黄芳铭. 结构方程模式（五版）[M]. 台北：五南图书出版有限公司，2007.

第二节 研究建议

依据本研究文献探讨与研究结果，提出以下建议，供幼儿园园长、幼儿园教师、教育行政机关、幼儿园师资培育机构以及未来研究参考。

一、幼儿园园长层面的建议

幼儿园园长是履行幼儿园领导与管理工作职责的专业人员，是幼儿园各项工作和谐有序运作的关键人物，也是凝聚幼儿园内外各种力量协同经营幼儿园的核心人物。本研究结果显示，园长正念领导对教师学习文化的影响力为大效果，教师学习文化对教师专业承诺的影响力为大效果，园长正念领导可透过形塑教师学习文化提高教师专业承诺，教师学习文化具有显著的中介效果。也就是说，幼儿园园长如若凝结正念智慧，善用正念领导，透过形塑幼儿园教师学习文化，可显著提升教师的专业承诺，进而提高办园效能和教育服务质量。因此，拟依据本研究结论，为幼儿园园长领导实务提供如下建议。

1. 园长要善于以正念领导形塑幼儿园发展愿景，增强组织凝聚力与信心，提升教师专业认同。专业认同反映幼儿园教师对自己从事的专业身份与专业价值的认知与态度，影响着幼儿园教师的专业情感与专业行为。本研究结果显示，教师专业承诺的"专业认同"构面中，"我认为从事幼儿园教师工作符合我的职业期待"题项得分相对较低。本研究也发现，"健康适性愿景"构面与"专业认同"构面相关性最高，且预测力也最高。并且，园长正念领导的"健康适性愿景"构面中，幼儿园教师对本园未来发展的期待和信心题项得分相对较低。

教师的劳动属于个体性劳动，而个体性的劳动方式很大程度上造成了教师与园所组织之间的情感疏离，也阻碍了教师对园所价值文化的认同。但是，教师又是生活于幼儿园组织中的人，组织的行为与人的行为都具有目标指向性特质，由此，行为才能够更具价值与意义。组织发展愿景既是组织未来发展目标，同时能够让组织中每个成员看到组织未来发展的方向，对组织未来发展充满信心，牵引组织成员行为展开方式。勒温（2004）指出，依靠外力改变学校文化是不可能的，只能诉诸文化的内在转变。❶ 换言之，就是提醒改革者或专业发展者，应该设法将"自上而下的""自外而内的"各种改革计划转变为教师自己的需求，让教师自己去发动、指导并维持，使他们在此过程中感觉到充分赋权。❷ 因此，身为幼儿园组织机构领导者的园长，需要以正念领导凝心聚力，秉持为幼儿健康适性发展服务，带领幼儿园教师共同塑造幼儿园愿景目标，增强组织凝聚力和向心力，使幼儿园的组织行为与教师个体行为均具有目标导向性，使教师理解并赞同幼儿园愿景目标，对幼儿园未来发展充满期待与信心，愿意为幼儿园发展投入心力，提升教师专业认同程度，推动幼儿园教育服务质量改善。

2. 园长要善于以正念领导与教师互动互信，营造组织亲和氛围，提高教师留业意愿。留业意愿反映幼儿园教师对自己的专业工作与专业生活的满意程度，影响着幼儿园教师队伍的稳定性与学前教育的永续发展。本研究结果显示，教师专业承诺的"留业意愿"承诺在 5 个分构面中得分相对较低。本研究也发现，园长正念领导的"互动信任关系"构面对"留业意愿"承诺预测力最高，并且"互动信任关系"构面中，"当教师在工作中遇到困难时，愿意向园长诉说"题项得分相对较低。

现代组织行为学表明，管理者与被管理者之间互动互信是一个组织健康、稳定发展的关系基础与情感基调。因此，园长对于教师提出的园务工作的合理化建议，应给予重视并及时采纳。在与教师交往中，将行政领导角色与朋友互助角色结合，善于以正向肯定与支持者的领导风格进行交流。当教师在工作中遇到困难时，能够以友善的倾听者角色，以充满智慧的协助者角色，与教师共同面对和解决问题。弥合"我—他"式的行政关系缝隙，建构"我—你"式亲和的工作和人际关系，促进双方互信，提高教师留业意愿承诺，助益教师队伍稳定，园务顺利开展。

3. 园长要善于以正念领导营造参与践行氛围，鼓励教师合作分享，形塑教师学习文化。幼儿园作为群体性组织，组织成员的参与合作实为组织创新与绩效的核心要件。本研究结果显示，教师学习文化的"资源共享"构面中，

<hr />

❶ 转引自操太圣，卢乃桂. 伙伴协作与教师赋权教师专业发展新视角 ［M］. 北京：教育科学出版社，2007：8.

❷ 操太圣，卢乃桂. 伙伴协作与教师赋权教师专业发展新视角 ［M］. 北京：教育科学出版社，2007：8－9.

"本园教师已经形成知识分享文化"题项得分相对较低，表明幼儿园教师学习文化与合作分享文化较为不足。本研究也发现，园长正念领导的"参与践行氛围"构面对教师学习文化最具预测力。

现代班级授课制下的课堂教学往往由教师独立组织开展，某种程度上造成了课堂"互不干涉"的封闭现象，导致教师之间合作文化的消失。园长应善于以正念领导传达最新的学前教育发展动态，与教师分享自己的专业发展经验。且以实际制度举措支持和调动全体教师参与园所实务的积极性，建言献策，群智群力，共同谋划幼儿园未来发展；并提供适宜的时空条件鼓励教师间知识与经验的分享、观摩与交流，以引领和带动幼儿园教师的学习氛围、合作氛围，形塑幼儿园教师的学习文化，提升教师的知能素养与幼儿园的服务质量。迈克尔·富兰曾说："当教师在学校里坐在一起研究学生学习情况的时候，当他们把学生的学业状况和如何教学联系起来的时候，当他们从同事和其他外部优秀经验中获得认识、进一步改进自己的教学实践的时候，他们实际上就是处在一个绝对必要的知识创新过程中。"❶

4. 园长要善于以正念领导创价管理知能，奖补幼儿园教师参加专业培训与发展。教师在职培训是教师专业发展的有效路径之一，而教师专业发展是每一位教师的职业需求。本研究结果显示，教师专业承诺的"专业认同"构面中，"我认为幼儿园教师是一项需要专业培训的工作"题项得分最高，表明幼儿园教师普遍认同教师职业需要持续学习与精进发展。而考察园长正念领导情形发现，园长正念领导的"管理知能创价"构面得分相对较低，进一步考察构面题项发现，得分最高的题项为"园长鼓励教师参加各类培训"，相对最低的题项为"幼儿园能够为教师专业发展提供经费"。

上述研究结果表明，幼儿园仅从精神层面倡导和鼓励教师参加各种培训，实务上缺乏具有实在意义的支持性制度和措施，其结果势必消蚀教师专业发展的积极性，也与教师职业的专业性本质相悖。因此，园长应善于以正念领导创价管理知能，鼓励教师之间建立专业发展共同体，鼓励幼儿园教师外出参加培训及学习，同时要给予适度的经费支持与物质奖补，保障每一位教师参加培训的权益，助力教师专业培训与发展。

5. 园长要善于以正念领导拓宽高学历教师群体的发展空间，激发高学历教师的职业热情与专业发展动力。随着高等教育的普及，幼儿园教师队伍的学历在不断提高，大学本科、研究生毕业等高学历幼儿园教师不断涌入幼儿园工作一线。本研究结果显示，本科、研究生毕业的教师在"留业意愿"构面得分显著低于中等职业学校毕业的教师。探寻其原因，学历越高的教师，对幼儿园实务的期待值越高，如实务与其期待值落差较大，其职业满意度会显著低落，职业稳定性和对工作场域的归属感也会降低。

教师以教书育人为己任，教师的教育教学某种程度上建基于教师个人实践经验的积累与个人专业知能的提升，而无论是教学的变革还是专业知能的提升，某种程度上意味着对自己既有经验的挑战和冲击，需要教师主观上的悦纳与主动求索。"学习不再外在于教师，而是教师自觉捕捉、主动参与的创造性活动，学习真正成为教师自身的追求，自觉与切实的行动。"❶ 因此，园长应善于以正念领导，充分了解高知教师的群体特征与职业需求，顺性扬才，为高学历教师搭建专业发展与成长的平台，激发高知教师群体的职业热情与专业发展动力，增强他们的职业获得感，使高知群体教师进得来、留得住、用得好，将专业知能、聪明才智转化为工作效能，成为幼儿园发展的中流砥柱。

6. 园长要善于将园本教研与引智入园相结合，形塑教师学习文化，引领教师专业成长。园长作为幼儿园发展的领航人，不仅要精于园务领导，也要善于汇聚各类资源，实现幼儿园蓬勃发展。本研究结果显示，教师学习文化的"支持信任"构面得分相对较低，并且得分最低的题项为"本园近五年来有邀请幼教专家来园做讲座、研习"。上述研究结果表明，幼儿园在教师学习文化方面对教师的支持较为欠缺，同时，幼儿园聘请专家来园交流、研习机会较少，对外部学习资源挖掘利用也显得不足。同时本研究还发现，正念领导的"管理知能创价"构面对"支持信任"构面的预测力最高。

哈格里夫斯和富兰在《理解教师发展》一书中写道："教师如一粒种子，他不可能在贫瘠的土壤上生根发芽，因此教师专业发展需要优质且支持性的环境脉络，而现实中教师所身处的环境脉络正是学校组织文化。"❷ 因此，园长应善于以正念领导理念，制定符合幼儿园实况，惠及每一位教师职业发展需求的制度、支持措施，创造条件、搭建平台，为教师提供各类培训信息和资料。

❶ 杨晓平，刘义兵. 论教师非正式学习文化的建设教师教育研究 [J]. 2013, 25 (4)：7－12.
❷ 转引自宋萑，胡艳，袁丽. 北京市中小学学校组织文化的现状调查 [J]. 教师教育研究，2009, 21 (3)：56－61.

同时，教师专业成长不能仅靠幼儿园一己之力，要立基于本园教师实际，深挖与评估本园教师实务所需，充分利用卓越园、优势园实务经验与高等院校学科专家的智库资源，搭建平台，引智入园，有规划、有目的地拓宽和丰富本园教师专业成长资源，推动教师学习文化的形成与发展，引领幼儿园教师的专业成长。

二、幼儿园教师层面的建议

教育的本质是培养人的社会实践活动，而教师在这一过程中担负着不可或缺的角色，教师职业责任即在于教书育人。因此，幼儿园教师应支持并协同园长领导，主动追求专业成长，形塑学习文化，进而可提升专业承诺，提高教育教学效能。基于此，拟依据本研究的结论，提供如下建议。

1. 教师要主动参与规划幼儿园发展，自觉提高幼儿园组织归属感。职场中的成员对于组织的归属感影响其职场工作的稳定性与持久性。园长虽为幼儿园发展的主要领导者和责任者，幼儿园组织的发展同样需要每一位教师的协同努力。本研究结果显示，教师专业承诺的"留业意愿"为问卷得分最低的构面。

教师应在园长引领下，成为幼儿园发展的伙伴，将组织发展视为己任，主动关注和参与制订幼儿园发展计划，贡献自己对幼儿园管理和发展的奇思妙想，且能将本园的办园宗旨和理念转化为教师个体的职业理想与信念，转化为教师的个人追求，实现"园—我"价值融合，提升其组织归属感，进而热爱幼儿园教师工作，以幼儿园教师为自己的终生职志，愿意为幼儿园发展奉献心力。

2. 教师要善于以学习创新激活专业发展动因，提升乐业投入与专业成长承诺。教师肩负着人类文化传播的责任，教书育人是教师的天职，因而教师素以学高为师、身正为范为职志。本研究结果显示，教师专业承诺的"乐业投入"构面中"教师能够利用自己休息时间思考和解决工作中遇到的问题"题项；"专业成长"构面中"教师主动研读学前教育相关文献"题项，得分均相对较低，表明教师对学习活动的主动追求行为较不足。同时，本研究还发现，教师学习文化的"学习创新"构面对"乐业投入""专业成长"承诺均具有高预测力。

教师群体是社会群体中知识最密集的群体，一位合格的教师必然要成为不断成长的学习者。教师的专业发展与成长并非仅靠外部规约推动与决定，教师对于学习与创新、发展与成长的自觉追求才是其深层动因与支撑。因此，教师个体应秉持与时俱进的信念，将学习创新纳入个人需求，主动求索专业学习、发展的机会与平台，充分利用同侪、专家学者的资源，持续增进和更新专业知能，主动探求专业创新路径，并从中寻得专业兴致，激发学习动因，提升乐业投入、专业成长承诺。由此，可创价个人专业知能，成为人类文明和创新进步的推手，增强自我效能感与价值感。

三、教育行政机关层面的建议

教育行政机关为园长各项领导举措提供政策及组织支持，也是幼儿园办园绩效的监督和评估机构。教育行政机关应从行政管理角度支持园长提升正念领导效能，以促进园长正念领导行为，形塑教师学习文化，提升教师专业承诺，进而提高办园绩效。依据本研究的结论，提供如下建议。

1. 统筹规划幼儿园教师专业发展，建立教师专业发展制度体系，推动幼儿园教师学习文化形成。

本研究结果显示，教师学习文化3个研究构面中，"支持信任"为得分最低的构面，其中，"幼儿园能够为教师专业发展提供经费"题项得分相对较低。考察幼儿园实务，教师专业发展若由幼儿园独立承担，幼儿园之间存在现实差异，不仅会增加园所负担，也导致教师专业发展的实况境遇千差万别。同时，每所幼儿园仅能负责本园教师专业发展事务，缺乏本地区教师专业发展的整体规划价值。可见，幼儿园教师专业发展非某一所幼儿园的私事。同时本研究也发现，教师学习文化为园长正念领导与教师专业承诺的中介变量，其中介效果达到显著，即园长如欲提升教师专业承诺，透过教师学习文化可获得更好的实践效果。

因此，幼儿园教师学习文化的形成与发展，教师专业承诺的提升，应跳脱幼儿园单打独斗的思维，将其上升到省、市、县级教育行政机关，从区域内幼儿园教师群体学习文化与专业发展视角加以统筹规划与管理，从经费支持、轮训方式、学习资源配套与支持等方面编制制度规范。从教育行政管理角度搭建区域内及跨地区的大平台，建立幼儿园教师定期参加专业发展学习或活动的制度。对经费方面确有困难的幼儿园，可采取地方财政补助或与幼儿园按比例分担方式，提高幼儿园支持教师专业学习与发展的热情；对有志于提高个人专业素养、有意愿进修学历的教师，可以试行学历薪酬附加制度，提高教师个人追求专业成长的动力与热情。

2. 提高幼儿园教师薪资待遇，缓解教师工作压力，增强幼儿园教师职业满意度与专业吸引力。

本研究中，幼儿园教师专业承诺问卷的"留业意愿"构面得分相对较低，而在各题项中，"我有更换幼儿园教师职业的想法"得分相对较低。相对于各级教育阶段，幼儿园教育阶段一直以来备受忽视，幼儿园教师的职业满意度和职业吸引力也相对较低。李春玲2005年对全国81个职业的社会声望调查指出：大学教师在81种职业的声望得分排名中列第8位，中学教师位列第12位，小学教师、幼儿园教师列第35位和第41位。[1] 从教师群体内部来看，幼儿园教师的职业声望排名是最低的。职业的社会声望代表着职业所受到的来自社会的尊敬程度，社会声望低会带来从业者职业身份认同、职业价值感的危机，进而导致组织疏离感和降低留业意愿。

百年大计，教育为本，而教育的基础在于学前教育。因此，教育行政机关应采行政策倾斜，制定稳步提升幼儿园教师薪资待遇和社会地位的相关政策，纳入财政预算统一规划，化解幼儿园教师实际付出多、工作压力大、薪资待遇低、社会地位低的矛盾，而对于教育资源较薄弱的偏远地区的幼儿园教师，可采用行政性地域补助和鼓励政策，实现人才引流，平衡学前教育资源的地域分布，整体提高学前教育服务质量，提升幼儿园教师职业魅力与专业吸引力，使幼儿园教师拥有职业幸福感、专业自豪感，成为社会中令人艳羡的职业。

3. 给予新建幼儿园政策性支持，辅助新建幼儿园形塑园本特色快速发展。

本研究结果显示，建园园龄10年（含）以下的教师知觉园长正念领导构面、教师专业承诺构面显著低于园龄11～20年的教师。因此，新建幼儿园除自身努力外，从教育行政管理角度，也应给予政策性引领和支持，建立地区内新老幼儿园集团化传帮带发展链，园本文化建设较具代表性的优质幼儿园以经验孵化方式带动新建幼儿园少走弯路，快速发展、成长。

---

❶ 李春玲. 当代中国社会的声望分层——职业声望与社会经济地位指数测量 [J]. 社会学研究，2005（2）：74 - 102，244.

四、幼儿园师资培育机构层面的建议

教育质量归根结底在于教师的素质，而学历教育是培育职前教师素质的重要阶段。幼儿园师资培育机构（师范大学及学院）肩负为幼儿园培育师资的责任。本研究结果显示，幼儿园教师学习文化与专业承诺具有高度正相关。幼儿园师资培育机构应在幼儿园教师职前专业培训期培养幼儿园准教师学习意识和习惯，增强对学前教育的专业认同与情感。依据本研究的结论，提供如下建议。

1. 加强职业生涯引导，涵育专业情感，提升专业认同与承诺。

专业情感是个体对自己从事专业的态度和心境表现。积极而强烈的专业情感有助于个体加深专业认同，理解自己从事的专业，热爱自己的专业，愿意为其投入心力、努力工作。师资培育机构在幼儿园教师职前培育阶段，应与幼儿园密切合作，以"课程和教学育知""活动启智""实境陶情""幼儿园名师经验励志"等多种方式加强职前幼儿园教师职业生涯引导，使其充分理解学前教育的价值、幼儿园教师工作的意义，树立合理的职业期待，形成良好的专业信念、深厚的专业情感，并从自我调节角度增加自身的心志韧性，在入职后的现实场域中，能够快速调节自己的身心。使幼儿园教师在职前培养阶段能够具备能用、好用的专业知能和浓厚的专业情感，入职后能够认同自己的专业，胜任岗位工作需求，爱岗敬业、乐业投入，以积极的状态投入幼儿园教师工作。

2. 优化人才培育方案，缩短职业适应期，提高职场中专业承诺表现。

本研究结果显示，年龄未满30岁的幼儿园教师较30～39岁、40～49岁的教师知觉园长正念领导、教师专业承诺均较低。探寻其原因，年龄未满30岁的幼儿园新手教师，大多数刚刚走出校门，入职幼儿园职场时间较短，对工作场域各方面知觉程度较低，尚处于职业适应期，如其职业适应不良，则可能影响后续职业生涯发展、职业满意度和职业稳定性。

因此，从培育角度，优化人才培育方案，将理论教学与实践教学精准结合，跳脱课堂描述式职业培育，改变学生幻想职业实境场域为有密度的真实进入。同时，拓展和活化原有教育见习与实习制度，鼓励有志于从事幼儿园教师工作的学生采取弹性学习方式，改变传统的接受完职前教育后再入职就业的模式，允许学生就学期间休学就业，弥补实习生身份无法完全进入职场的情形，继而可选择复学完成学业，以此获得幼儿园实践场域境况的高峰体验，增强职前教师的实践知能及与职业岗位的无缝对接，使其正式入职后能够较快速、较顺利地实现从学生到教师的角色过渡，将专业知能转化为专业能量、工作动能，缩短职业适应期，快速成长为优秀的幼儿园教师。

五、未来研究层面的建议

本研究虽已达研究目的，并获致研究问题的各项结论，但未臻完美，仍然存在后续进一步研究中需要考量的问题。

1. 研究对象的取样范围可考虑增加乡村或各省域的幼儿园及教师，并可扩展至其他学段教师。

本研究由于受研究者时间和精力所限，仅选取辽宁省城镇幼儿园教师为调查对象，研究结论的推论有一定的限制。未来研究可考虑将乡村幼儿园教师、不同省域的幼儿园教师纳入取样范围，以使研究结论更加客观，推论更具有普适性，也能更好地了解本研究中园长正念领导、教师学习文化与教师专业承诺的关系。另外，本研究的核心变量正念领导，在教育管理科学领域相关研究较少，教师学习文化的相关研究也不多见，未来研究可考虑扩展对小学、中学、大学等学段的校长正念领导的研究，增进对教师学习文化的研究，积累相关研究成果，了解正念领导、教师学习文化在学校教育领域的全景。

2. 研究内容可考虑增加不同性别变量，并持续跟进不同学历变量教师的研究。

本研究样本数据在进行差异分析时，因为教师性别变量中男性教师仅为 7 人，而没有进行性别变量的差异分析，导致无法获得性别变量相关结论。教师最高学历背景变量中，具有研究生毕业学历的教师样本也很少，仅为 13 人，虽然后续被纳入本研究的差异分析，但其在 3 个研究变量的 13 个研究构面的数据分析结果均显著低于中等职业学校（含）以下毕业学历的教师，推估此结论可能与样本数量较少有关。未来研究可考虑增加对性别变量的研究，持续跟进对学历变量的研究，丰厚研究结论。

3. 研究方法可考虑质性研究与量化研究兼备的混合式研究，以深耕研究结果。

本研究由于受研究者时间和精力所限，仅以问卷调查研究的量化分析对辽宁省两所城市城区幼儿园教师进行研究，研究结论也仅依据数据汇整分析，未能对园长及教师进行深入访谈研究，未能触及研究对象的具体想法。未来研究可考虑将访谈研究与问卷调查研究相结合，对本研究问题展开混合式研究，以有利于更完整地了解本研究中的园长正念领导、教师学习文化与教师专业承诺的关系。

参考文献

一、中文部分

著作部分：

[1] 吴清山. 学校效能研究 [M]. 台北：五南图书出版有限公司，1992.

[2] [美] 彼得·圣吉著，郭进隆译. 第五项修炼：学习型组织的艺术与实务 [M]. 上海：上海三联书店，1998.

[3] 刘少杰. 现代西方社会学理论 [M]. 长春：吉林大学出版社，1998.

[4] 吴清基. 教育与行政 [M]. 台北：师大书苑有限公司，1999.

[5] 俞国良，王卫东，刘黎明. 学校文化新论 [M]. 长沙：湖南教育出版社，1999.

[6] 丁晓红. 管理心理学理论与实践 [M]. 上海：同济大学出版社，2000.

[7] 陈顺宇. 回归分析（第三版）[M]. 台北：华泰文化，2000.

[8] [加拿大] 迈克尔·富兰著. 变革的力量：透视教育改革 [M]. 北京：教育科学出版社，2000.

[9] 郑金洲. 教育文化学 [M]. 北京：人民教育出版社，2000.

[10] 吴明清. 教育向前跑——开放社会的教育改革 [M]. 台北：师大书苑有限公司，2001.

[11] [英] 布罗尼斯拉夫·马凌诺斯基著，费孝通译. 文化论 [M]. 北京：华夏出版社，2002.

[12] 黄健. 造就组织学习力 [M]. 上海：上海三联书店，2003.

[13] 饶见维. 教师专业发展——理论与实务 [M]. 台北：五南图书出版有限公司，2005.

[14] [英] 爱德华·泰勒著，连树声译. 原始文化 [M]. 桂林：广西师范大学出版社，2005.

[15] 吴明烈. 组织学习与学习型学校 [M]. 北京：九州出版社，2006.

[16] 邱皓政. 量化研究与统计分析 [M]. 台北：五南图书出版有限公司，2007.

[17] 吴明隆. 结构方程模式：Amos 的操作与应用 [M]. 台北：五南图书出版有限公司，2007.

[18] 黄芳铭. 结构方程模式（第五版）[M]. 台北：五南图书出版有限公司，2007.

[19] 操太圣，卢乃桂. 伙伴协作与教师赋权教师专业发展新视角 [M]. 北京：教育科学出版社，2007.

[20] 刘少杰，胡晓红. 当代国外社会学理论 [M]. 北京：中国人民大学出版社，2009.

[21] 吴明隆. SPSS操作与应用：问卷统计分析实务 [M]. 台北：五南图书出版有限公司，2009.

[22] 张明辉. 学校经营与管理新兴议题研究 [M]. 台北：学富文化事业有限公司，2009.

[23] 乐国安，汪新建. 社会心理学新编 [M]. 天津：天津人民出版社，2009.

[24] 王文科，王智弘. 教育研究法 [M]. 台北：五南图书出版有限公司，2010.

[25] [美] 克里斯·阿吉里斯，唐纳德·舍恩著，姜文波译. 组织学习Ⅱ：理论、方法与实践 [M]. 北京：中国人民大学出版社，2011.

[26] 庞文，孙影娟，奚海燕. 西方社会学理论概要 [M]. 哈尔滨：东北林业大学出版社，2011.

[27] 葛金国，吴玲. 教师文化通论 [M]. 合肥：安徽大学出版社，2012.

[28] 苏雪梅. 组织文化与员工认同：理论与实践 [M]. 北京：中国社会科学出版社，2012.

[29] [美] 彼得·诺斯豪斯著，吴爱明，陈爱明，吴晓明译. 领导学：理论与实践（第五版）[M]. 北京：中国人民大学出版社，2012.

[30] 涂金堂. 量表编制与SPSS [M]. 台北：五南图书出版有限公司，2012.

[31] 郑崇趁. 校长学 [M]. 新北：心理出版社，2013.

[32] 吴明隆. 论文写作与量化研究 [M]. 台北：五南图书出版有限公司，2014.

[33] [美] 埃德加·沙因著，章凯，罗文豪，朱超威译. 组织文化与领导力（第四版）[M]. 北京：中国人民大学出版社，2014.

[34] [美] 加里·尤克尔著，丰俊功译. 组织领导学（第七版）[M]. 北京：中国人民大学出版社，2015.

[35] [美] 安弗莎妮·纳哈雯蒂著，刘永强，程德俊译. 领导学：领导的艺术与科学（第七版）[M]. 北京：中国人民大学出版社，2016.

[36] [美] 沃伦·本尼斯，伯特·纳努斯著，赵岑，徐琨译. 领导者 [M]. 杭州：浙江人民出版社，2016.

[37] [荷兰] 曼弗雷德·凯茨·德·弗里斯著，钱峰译. 正念领导力：洞悉人心的管理秘诀 [M]. 北京：东方出版社，2016.

[38] [美] 斯蒂芬·罗宾斯，蒂莫西·贾奇著，孙健敏，王震，李原译. 组织行为学 [M]. 北京：中国人民大学出版社，2016.

[39] [美] 肖娜·夏皮罗，克里斯·怀特著，何子静译. 正念养育：积极的管教，自律的

孩子［M］．北京：机械工业出版社，2017.

［40］［荷兰］艾琳·斯奈儿著，曹慧，王淑娟，曹静，祝卓宏译．正念养育：提升孩子专注力和情绪控制力的训练法［M］．北京：化学工业出版社，2017.

［41］［美］贾妮思·马图雅诺著，陆维东，鲁强译．正念领导力：卓越领导者的内在修炼［M］．北京：机械工业出版社，2017.

［42］［美］詹姆斯·库泽斯，巴里·波斯纳著，徐中、沈小滨译．领导力：如何在组织中成就卓越（第六版）［M］．北京：电子工业出版社，2018.

［43］郑崇趁．教育4.0——新五伦·智慧创客学校［M］．新北：心理出版社，2018.

论文部分：

［1］黄国隆．中学教师组织承诺与专业承诺［J］．政治大学学报，1986，53：55－83.

［2］周新富．"国民小学"教师专业承诺、教师效能训练与学生学业成就关系之研究［D］．高雄：高雄师范大学，1991.

［3］李新乡．"国小"教师教育专业承诺及其相关因素之研究［D］．台北：政治大学，1993.

［4］刘春荣．师资培育与教师专业承诺研究［J］．教育资料集刊，1996，22：85－95.

［5］陈木金．从学校组织文化塑造谈如何增进学校领导效能［J］．学校行政，1999，3：14－29.

［6］龙立荣，方俐洛，凌文轮，李晔．职业承诺的理论与测量［J］．心理学动态，2000，8（4）：39－45.

［7］李小红，邓友超．教师反思何以可能——以学校组织文化为视角［J］．高等师范教育研究，2003，15（3）：43－48.

［8］徐建培．论学校组织文化建设［J］．当代教育科学，2004（12）：7－9.

［9］李瑞娥．"国民学校"终身学习文化、组织学习、组织创新与学校效能关系之研究——学习型学校模型之建构［D］．高雄：高雄师范大学，2004.

［10］连榕，杨丽娴，吴兰花．大学生的专业承诺、学习倦怠的关系与量表编制［J］．心理学报，2005，37（5）：632－636.

［11］李春玲．当代中国社会的声望分层——职业声望与社会经济地位指数测量［J］．社会学研究，2005（2）：74－102，244.

［12］陈木金，谢紫菱，邱馨仪．"国民小学"的学校学习文化评鉴指标建构之研究［J］．教育行政与评鉴学刊，2006（1）：51－82.

［13］车丽娜．教师文化初探［J］．教育理论与实践，2006，26（11）：45－48.

［14］刘福镕，林清文．高中职辅导教师专业承诺量表编制报告［J］．谘商辅导学报，2007，17：65－96.

［15］范炽文．教师组织承诺：概念、发展、类别及其启示［J］．学校行政，2007，50（7）：128－144.

[16] 谭光鼎. 再造学校文化以推动学校组织革新 [J]. 中等教育，2007，58 (1)：4–20.

[17] 孙明霞. 中学教师专业承诺和教学效能感的关系研究 [D]. 广州：华南师范大学，2007.

[18] 杨豪森. 综合高中校长课程领导、教师专业承诺与教师教学效能关系之研究 [D]. 彰化：彰化师范大学，2008.

[19] 廖述贤，吴启娟，胡大谦，乐意岚. 组织文化、知识取得、组织学习与组织创新关联性之研究 [J]. 人力资源管理学报，2008，8 (4)：1–29.

[20] 朱炜. 西方学校组织文化与学校效能研究评析 [J]. 外国中小学教育，2009 (10)：18–22.

[21] 宋萑，胡艳，袁丽. 北京市中小学学校组织文化的现状调查 [J]. 教师教育研究，2009，21 (3)：43，56–61.

[22] 林新发. 正向氛围促进学校迈向卓越 [J]. "国民教育"，2009，50 (2)：1–6.

[23] 林明地，陈成良. "国小"校长道德领导对学校组织文化与学生学习表现之影响 [J]. 教育学刊，2010，35：129–165.

[24] 施宏彦. "国民小学"组织学习与教师生涯发展之研究 [J]. 嘉南学报，2010，36：448–464.

[25] 涂淳益，简名卉，叶霖蓉. 屏东县"国民小学"校长转型课程领导与教师专业承诺关系之研究 [J]. 学校行政，2010，68：192–207.

[26] 范国睿. 教师专业发展的内在机制与外部促进 [J]. 基础教育，2010，7 (1)：3–10.

[27] 孙志麟. 专业学习社群：促进教师专业发展的平台 [J]. 学校行政，2010，69：138–158.

[28] 王本富. 学习型学校组织文化对教师专业发展影响的研究 [D]. 南宁：广西师范学院，2010.

[29] 罗儒国，王姗姗. 中小学教师学校文化满意度调查研究 [J]. 上海教育科研，2011 (7)：51–54.

[30] 邹鲁峰. 幼儿园园长课程领导力的个案研究 [D]. 南京：南京师范大学，2011.

[31] 施佩芳. "国民小学"校长知识领导、教师学习文化与教师专业发展之研究 [D]. 嘉义：中正大学，2010.

[32] 范庆钟. "国民小学"校长多元架构领导、学校组织健康、教师专业承诺与学校效能关系之研究 [D]. 嘉义：中正大学，2011.

[33] 林新发，王秀玲，仲秀莲，钟云英，黄秋銮，林佳芬，颜如芳. 两岸三地小学校长正向领导、学习文化对学校创新经营效能影响之研究 (Ⅱ)——台北市、上海市、香港地区之比较分析 [Z]. 华中师范大学中外教育交流国际学术研讨会，2011.

[34] 林新发. 华人地区学校校长正向领导模式初探 [J]. "国民教育"，2011，52 (1)：

1 – 6.

[35] 林新发. 再论学校校长正向领导模式之建构 [J]. "国民教育", 2011, 52 (2):
1 – 12.

[36] 江文吉. 校长灵性领导、教师领导、学校组织文化与学校效能关系之研究 [D]. 屏东: 屏东大学, 2012.

[37] 林新发. 心理资本与正向组织行为 [J]. "国民教育", 2012, 52 (4): 1 – 7.

[38] 林金穗, 郑彩凤, 吴慧君. 教师知识惯性、学校组织学习与学校效能关系之研究: 以高雄市"国小"为例 [J]. 台北市立教育大学学报, 2012, 43 (2): 55 – 85.

[39] 陈美缓. 教师专业发展评鉴究竟出了什么问题? ——从教师专业承诺探究教师专业发展评鉴之推展 [J]. 台湾教育, 2012, 676: 36 – 38.

[40] 张奕华, 颜弘钦. "国民小学"组织学习、组织创新与学校效能之关联性 [J]. 学校行政, 2012, 79: 178 – 198.

[41] 方旭东. 意向与行动——王阳明"知行合一"说的哲学阐释 [J]. 社会科学, 2012 (5): 131 – 137.

[42] 许跃华. 中小学教师工作满意度及其组织文化对学校发展的影响分析 [D]. 苏州: 苏州大学, 2012.

[43] 余文秀. 幼儿园课程领导与教师教学效能之研究——以台中市、彰化县、南投县为例 [D]. 台中: 朝阳科技大学, 2013.

[44] 彭永青. "国民中学"校长正向领导、学校组织气氛与教师专业承诺关系之研究 [D]. 新竹: 新竹教育大学, 2013.

[45] 黄建翔, 吴清山. "国民中学"教师专业发展、专业承诺与教学效能关系之研究—— 以 TEPS 数据库为例 [J]. 师资培育与教师专业发展期刊, 2013, 6 (2): 117 – 140.

[46] 陈琇玲. 幼儿园园长服务领导与园所组织效能关系之研究 [D]. 屏东: 屏东教育大学, 2013.

[47] 张瑞英. 人格特质、专业承诺与工作满意三者相互关系之研究——以新北市"国小"教师为例 [D]. 彰化: 大叶大学, 2013.

[48] 廖玟惠. 幼儿园园长愿景领导之研究 [D]. 台中: 朝阳科技大学, 2013.

[49] 胡小琴. 论王阳明"知行合一"的哲学特质 [J]. 求索, 2013 (9): 114 – 116, 70.

[50] 陈丽红. 新北市公立幼儿园主任仆人式领导与组织气氛之相关研究 [D]. 新北: 辅仁大学, 2013.

[51] 肖正德. 乡村教师学习文化的问题与重构 [J]. 教育发展研究, 2013 (4): 43 – 47.

[52] 陈文龙. "国民小学"校长领导、教师专业承诺与学校效能关系之研究 [D]. 屏东: 屏东教育大学, 2013.

[53] 梁志强. 教师人格特质与组织文化对教师离职倾向之影响关系研究——以华仁独立

中学为例 [D]. 高雄：树德科技大学，2013.

[54] 陈昊婷. 变革型领导对幼儿园员工组织公民行为与离职意向的影响——组织承诺的中介作用 [D]. 郑州：河南大学，2013.

[55] 杨晓平，刘义兵. 论教师非正式学习文化的建设 [J]. 教师教育研究，2013，25 (4)：7－12.

[56] 张慧. 学校组织文化对教师组织公民行为的影响 [D]. 曲阜：曲阜师范大学，2013.

[57] 薛雅文，赖志峰. "国民小学"分布式领导与学校组织文化之关系研究 [J]. 学校行政，2013，86：20－42.

[58] 萧慧君. 学前融合教育教师专业承诺与教学效能之研究 [D]. 台中：台中科技大学，2013.

[59] 萧宏金，楼家祺，杨淑贞. 高雄市幼儿园园长领导风格与组织绩效关系之研究 [J]. 政策与人力管理，2013，4 (3)：1－38.

[60] 罗天松. 幼儿园园长领导历程之研究——以中部某一幼儿园园长为例 [D]. 台中：朝阳科技大学，2013.

[61] 冯慧. 幼儿园园长课程领导策略的个案研究 [D]. 重庆：西南大学，2013.

[62] 冀蒙. 幼儿园园长变革型领导行为及其影响因素研究 [D]. 重庆：西南大学，2014.

[63] 李敏谊，周晶丽. 幼儿园园长作为课程领导者的历史与变迁——基于北京市某园长课程领导实践的个案研究 [J]. 学前教育研究，2014，(12)：41－46.

[64] 李天霁. 台北市高级中学组织文化与学校效能之研究 [D]. 台北：政治大学，2014.

[65] 朱涵英，魏渭堂. 台中市私立幼儿园园长领导风格与经营绩效关系之研究 [J]. 幼儿教育年刊，2014，25：63－85.

[66] 刘乙仪，张瑞村. 幼儿园园长分布式领导与教师专业发展关系之探究 [J]. 学校行政，2014，89：23－43.

[67] 王真真. 新北市立完全中学校长正向领导与学校组织文化关系之研究 [D]. 新北：淡江大学，2014.

[68] 何仁馨. 新北市公立幼儿园主任正向领导与学校效能关系之研究 [D]. 新北：淡江大学，2014.

[69] 林红樱. 私立幼儿园园长课程领导之个案研究 [D]. 台北：台北教育大学，2014.

[70] 林惠珠. 一所幼儿园教学改变历程之园长领导探究 [D]. 花莲：东华大学，2014.

[71] 林伟强. 新北市"国民小学"校长转型领导、学校创新气氛与教师专业承诺之相关研究 [D]. 台北：铭传大学，2014.

[72] 林楚欣，罗天松. 幼儿园园长领导行为之探究——以中部一位园长为例 [J]. 明新学报，2014，40 (2)：163－182.

[73] 马惠娣. "国民中学"教师组织公平、专业承诺与组织公民行为关系之研究 [D].

嘉义：嘉义大学，2014.

[74] 纪朝扬. "国中"校长领导风格、学校组织文化及教师知识分享之相关研究——以中部三县市为例［D］. 彰化：彰化师范大学，2014.

[75] 洪文芳. "国中"教师彰权益能、专业承诺与学校效能关系之研究——以中部三县市为例［D］. 彰化：彰化师范大学，2014.

[76] 唐佳雯. 高雄市"国民中学"校长魅力领导、教师专业承诺与学校组织健康关系之研究［D］. 高雄：高雄师范大学，2014.

[77] 范炽文，陈靖娥. "国小"校长故事领导与教师专业承诺关系之研究［J］. 市北教育学刊，2014，6（2）：111－133.

[78] 陈俞秀. 高雄市"国中"教师正向心理特质、组织文化与教学效能关系之研究［D］. 高雄：高雄师范大学，2014.

[79] 陈雅莉. 新北市"国小"体育教师知觉学习型组织文化与创意教学自我效能感之研究［D］. 新北：辅仁大学，2014.

[80] 陈美龄. 教师专业承诺与教学效能关系之研究——以高雄市"国民中学"为例［D］. 高雄：树德科技大学，2014.

[81] 黄慧欣. 高雄市"国民中学"校长服务领导与教师专业承诺关系之研究［D］. 屏东：屏东教育大学，2014.

[82] 黄丽燕. 竞值架构应用在校长领导效能、教师专业承诺及学校效能关系之研究——以台中市小学为例［D］. 台中：亚洲大学，2014.

[83] 刘佩瑜. 幼儿园园长正向领导与幼儿教师幸福感关系之研究［D］. 台北：政治大学，2014.

[84] 郑钧元. 幼儿园园长道德领导构面建构之研究［J］. 学校行政，2014，89：44－66.

[85] 谢志佩. 新北市公立幼儿园主任团队领导与教保服务人员组织承诺关系之研究［D］. 新北：辅仁大学，2014.

[86] 简淑温. 教保服务人员知觉幼儿园长转型领导与情绪劳务相关之研究［D］. 嘉义：中正大学，2014.

[87] 萧慧君，张美云. 台中市学前教师融合教育专业承诺与教学效能之研究［J］. 幼儿教育年刊，2014，25：21－39.

[88] 张斐莉. 桃园市幼儿园园长道德领导与教师专业承诺关系之研究［D］. 新竹：新竹教育大学，2015.

[89] 许丽娟. 幼儿园园长转型领导、教保人员组织承诺与教学效能关系之研究［D］. 嘉义：嘉义大学，2015.

[90] 郑雅如. 幼儿园园长课程领导指标建构之研究［D］. 台南：台湾首府大学，2015.

[91] 蔡琼莹. 云林县"国民小学"校长道德领导与教师专业承诺之研究［D］. 嘉义：中正大学，2015.

[92] 刘乙仪. 台湾幼儿园园长分布式领导之困境与展望 [J]. 学校行政, 2015, 95: 61-80.

[93] 黄聪霖. 桃园市幼儿园知识领导与创新经营效能关系之研究 [D]. 新竹: 新竹教育大学, 2015.

[94] 陈浩然. "国民中小学"校长核心能力、领导风格与组织文化关系之研究 [D]. 台北: 台北教育大学, 2015.

[95] 陈惠卿. 台中市公立"国小"附设幼儿园主任教学领导行为与教师工作满意度相关之研究 [D]. 台中: 东海大学, 2015.

[96] 郭福豫. 高职校长课程领导、教师专业学习社群与教师教学效能关系之研究 [D]. 彰化: 彰化师范大学, 2015.

[97] 胡铭浚. "国民小学"校长教导型领导、教师专业学习社群与学校组织承诺关系之研究 [D]. 台北: 台北教育大学, 2015.

[98] 郭千慧. 高雄市"国小"特殊教育教师觉知学校组织文化与教师专业发展之研究 [D]. 台南: 台南大学, 2015.

[99] 徐淑芬. 屏东县"国小"教师知觉校长教学领导、学校组织文化与教学效能关系之研究 [D]. 屏东: 屏东大学, 2015.

[100] 陈柔谕. 园长变革领导行为之个案研究——以一所公立幼儿园为例 [D]. 嘉义: 中正大学, 2015.

[101] 张本文. "国小"校长服务领导、教师领导、学校组织文化与学校竞争优势关系之研究 [D]. 屏东: 屏东大学, 2015.

[102] 王雅君. 高雄市"国民中学"校长服务领导、组织文化与组织效能关系之研究 [D]. 高雄: 高雄师范大学, 2015.

[103] 刘霖芳, 柳海民. 教育变革背景下幼儿园园长领导力的现状及提升策略 [J]. 现代教育管理, 2015 (2): 81-86.

[104] 颜荆京, 汪基德, 蔡建东. 幼儿园园长信息化领导力现状与提高策略 [J]. 学前教育研究, 2015 (10): 41-49.

[105] 陈雪. 园长课程领导力现状调查研究 [D]. 上海: 上海师范大学, 2015.

[106] 李容香, 严仲连. 农村公办幼儿园园长课程领导的问题与对策 [J]. 教育探索, 2016 (10): 98-103.

[107] 李克勤, 袁小平, 宁艳林. 湖南省幼儿园园长信息技术领导力现状调查分析 [J]. 湖南第一师范学院学报, 2016, 16 (1): 15-18.

[108] 王恒. 园长课程领导的个案研究 [D]. 广州: 广州大学, 2016.

[109] 陈窠羚, 周汎澔, 王秀红. 正念之概念分析 [J]. 护理杂志, 2016, 63 (2): 113-119.

[110] 许雅惠. 教保服务人员知觉幼儿园主管正向领导、园所组织文化与组织效能关系之研究 [D]. 嘉义：嘉义大学，2016.

[111] 康燕慈. 家长参与、校长正向领导及教师人格特质对国中教师专业承诺之影响——以桃园市为例 [D]. 桃园：健行科技大学，2016.

[112] 曾荣祥，王琇莹. 幼儿园园长知识领导之研究——指标及其权重建构 [J]. 教育理论与实践学刊，2016，33：107-139.

[113] 黄琇意. 高雄市幼儿园教育人员知觉分散式领导与组织创新关系之研究 [D]. 高雄：正修科技大学，2016.

[114] 陈木柱. 公立高级中等学校校长转型领导、教师专业承诺、教师工作满意与学校效能关系之研究 [D]. 彰化：彰化师范大学，2016.

[115] 侯国林. 高雄市"国民小学"校长课程领导、教师专业承诺与教学效能关系之研究 [D]. 高雄：高雄师范大学，2016.

[116] 林穆瑛. 幼儿园园长分布式领导之研究 [D]. 台中：朝阳科技大学硕士学位论文，2016.

[117] 吕柏毅. "国立"特殊教育学校组织文化及学校效能关系之研究 [D]. 彰化：大叶大学，2016.

[118] 方丽婷. 高雄市"国民小学"教师领导、组织文化与教学效能关系之研究 [D]. 屏东：屏东大学，2016.

[119] 李京晏. 新北市公立学校附设幼儿园主任教学领导与教师教学效能关系之研究 [D]. 新北：辅仁大学，2016.

[120] 林士雯. 教师赋权增能、专业承诺与组织公民行为关系之研究 [D]. 台南：南台科技大学，2016.

[121] 林白梅. 幼儿园园长正向领导对教师幸福感关系之研究——以桃园市公私立幼儿园为例 [D]. 台北：铭传大学，2016.

[122] 钟莉娜. 城乡教师专业学习社群发展历程之比较研究——以高雄市二所"国中"教学卓越团队为例 [D]. 高雄：高雄师范大学，2016.

[123] 罗逸珊，钟才元，陈明终. 特教教师在在线学习社群之社会支持交换与参加目的及专业承诺之关联性 [J]. 教师专业研究期刊，2017，4：1-26.

[124] 赖慧欣. 幼儿园园长领导风格之叙说研究——以一位园长为例 [D]. 台南：南台科技大学，2017.

[125] 赖连功. 新北市"国小"教师组织学习与学校创新经营之研究 [J]. 教育研究院教育脉动电子期刊，2017，9：44-66.

[126] 黎宥瑄. "国中"特教教师社会支持、专业承诺与幸福感关系之研究——以桃园市为例 [D]. 桃园：中原大学，2017.

[127] 戴雅绫. 高雄市"国小"校长家长式领导与学校组织文化关系之研究［D］. 屏东：屏东大学，2017.

[128] 黄焕超. 幼儿园教保服务人员知觉的正向领导、心理资本、职场灵性与生命意义感之关联性研究［D］. 高雄：高雄师范大学，2017.

[129] 林易萱，龚心怡. 教师信念、专业承诺与班级经营效能比较之研究——以"国高"中新手与资深教师为例［J］. 师资培育与教师专业发展期刊，2017，10（2）：111 - 138.

[130] 林靖雅. 高雄市"国小"校长变革领导、学校组织文化与竞争优势关系之研究［D］. 高雄：高雄师范大学，2017.

[131] 翁祥惠. 高雄市幼儿园教保服务人员知觉的正向领导与其情绪劳务关系之研究［D］. 高雄：正修科技大学，2017.

[132] 陈仲洁. 桃竹苗四县市"国小"英语教师专业承诺与教学效能关系之研究［D］. 新竹：新竹教育大学，2017.

[133] 刘乙仪. 幼儿园园长分布式领导、教师领导与教师专业发展关系之研究——以中彰投地区为例［D］. 台中：台中教育大学，2017.

[134] 杨景琳. 幼儿园园长课程领导历程之研究——以实施新课纲幼儿园为例［D］. 花莲：东华大学，2017.

[135] 李丹穗. 组织文化、工作特性对工作满足影响之研究——以宜兰县立"国民中学"教师为例［D］. 宜兰：佛光大学，2017.

[136] 汪耘竹. 幼儿园园长魅力领导与教师组织忠诚相关之研究［D］. 新竹：新竹教育大学，2017.

[137] 陈丽如. 台南市公立幼儿园课程领导及教师教学效能［D］. 台南：南台科技大学，2017.

[138] 黄诗婷. 幼儿园学校领导风格之研究：以台北市为例［D］. 新竹：中华大学，2017.

[139] 黄语均. 幼儿园园长领导风格之叙说研究［D］. 台南：南台科技大学，2017.

[140] 张鸿宇，王小英. 幼儿园园长文化领导力的意蕴、构架与提升［J］. 广西社会科学，2017（7）：206 - 209.

[141] 侯兴强. 幼儿园园长信息化领导力的调查研究［D］. 保定：河北大学，2018.

[142] 李爱敏. 园长课程领导力个案研究［D］. 杭州：杭州师范大学，2018.

[143] 魏家文. 台北市"国民小学"学校组织文化、教师组织公民行为与学校组织效能关系之研究［D］. 台北：政治大学，2018.

[144] 曾柏玮. 高雄市幼儿园园长服务领导与教师组织承诺关系之研究［D］. 高雄：正修科技大学，2018.

［145］黄淑萍. 幼儿园园长正向领导与教师专业承诺关系之研究——以桃园市公私立幼儿园为例［D］. 台北：铭传大学，2018.

［146］黄雯. 园长领导力与幼儿园效能关系之研究［D］. 台北：政治大学，2018.

［147］杨竣嘉. 私立幼儿园园长领导行为评鉴指标建构之研究——以新北市及新竹市私立幼儿园为例［D］. 嘉义：南华大学，2018.

［148］郑文婷. "国小"专任辅导教师角色知觉、专业承诺与工作满意度之研究［D］. 台北：台湾师范大学，2018.

［149］许家彰. 幼儿园课程领导实践之研究：以主题统整课程为例［D］. 新竹：清华大学，2018.

［150］陈冠瑜. 台北市公立幼儿园园长正向领导与教学效能之研究［D］. 台北：铭传大学，2018.

［151］李怡桦. 台北市"国民小学"校长空间领导、学校组织文化与学校创新经营效能关系之研究［D］. 台北：台北教育大学，2018.

［152］吴美姬. 高雄市幼儿园园长正向领导与教师幸福感关系之研究［D］. 高雄：正修科技大学，2018.

［153］吴秋蓉. 南部四县市"国民小学"校长科技领导与学校效能关系之研究——以教师知识管理、组织文化为中介变项［D］. 高雄：高雄师范大学，2018.

［154］陈玥湄. 中小学教师组织文化、教学态度与工作满意度关系之研究［D］. 高雄：正修科技大学，2018.

［155］陈采绨. 小学教师工作价值观、组织文化与工作绩效关系之研究［D］. 高雄：正修科技大学，2018.

［156］梁佳蓁. 幼儿园教师文化知觉、教师专业承诺与学校效能关系之探究［D］. 台中：台中教育大学，2018.

［157］贺文洁，李琼，穆洪华. 学校文化氛围对乡村教师工作满意度的影响：教师能动性的中介作用［J］. 教师教育研究，2018，30（3）：39－45，128.

［158］索长清，申谊可. 幼儿园教师文化的特征及其影响层面［J］. 天津师范大学学报（基础教育版），2019，20（1）：78－83.

［159］姚伟，吴秋融. 幼儿园园长保育教育领导力现状调查研究［J］. 现代教育管理，2019（6）：79－84.

［160］裴瑶瑶. 基于 OCQ 量表的幼儿园组织文化现状调查［J］. 基础教育研究，2019（4）：86－87，90.

［161］许志勇. 学校文化与学校效能的关系研究［D］. 哈尔滨：哈尔滨师范大学，2019.

［162］张思雨. 幼儿园园长变革型领导行为与幼儿园教师工作投入的关系研究［D］. 保定：河北大学，2020.

[163] 杨丹. 幼儿园教师感知园长领导风格与其工作投入的关系研究［D］. 沈阳：沈阳师范大学，2020.

[164] 王蒙. 幼儿教师职业幸福感与园长领导力的关系研究［D］. 西安：陕西师范大学，2020.

[165] 卓子欣，蔡文伯. 幼儿园园长领导风格对幼儿教师组织承诺和创造力影响的实证研究［J］. 陕西学前师范学院学报，2021，37（3）：85－95.

[166] 项紫霓，马文蓓，曹军娜，宿筱宜，王海涛，崔宝龙. 职业倦怠对幼儿园园长领导力的影响及社会支持的中介作用［J］. 中国健康教育，2021，37（11）：1033－1036.

[167] 张雪莹. 园长变革型与交易型领导风格的现状及影响因素研究［D］. 沈阳：沈阳师范大学，2021.

[168] 蔺海沣，张智慧，赵敏. 学校组织文化如何影响乡村青年教师留岗意愿——组织承诺的中介效应分析［J］. 教育研究，2021，42（8）：142－159.

[169] 吴婷婷. 园长领导风格与幼儿园教师领导力的关系研究——心理资本的中介作用［D］. 广州：广州大学，2022.

二、英文部分

[1] Senat, T. C.. How Management Training Relates to Newspaper Editors' Professional Commitment［J］. Paper presented at the Annual Meeting of the Association for Education in Journalism and Mass Communication, 1992：5－8.

[2] Barsh, J., Cranston, S., Craske, R.. Centered Leadership How Talented Women Thrive ［Z］. https：//www. mckinsey. com/featured－insights/leadership/centered－leadership－how－talented－women－thrive, 2008，9.

[3] Barsh, J., Cranston, S., Lewis, G.. How Remarkable Women Lead：The Breakthrough Model for Work and Life［M］. New York：Crown Business，2009.

[4] Barsh, J., Lavoie, J.. Centered Leadership：Leading with Purpose, Clarity, and Impact ［M］. New York：Crown Business，2014.

[5] Barsh, J., Lavoie, J., & Webb, C.. 正念领导力：做最好的自己［Z］. 麦肯锡季刊. https：//www. mckinsey. com. cn/quarterly, 2015.

[6] Barsh, J., Mogelof, J., & Webb, C.. How Centered Leaders Achieve Extraordinary Results［Z］. https：//www. mckinsey. com/featured－insights/leadership/how－centered－leaders－achieve－extraordinary－results, 2010，10.

[7] Barsh, J., Mogelof, J., & Webb, C.. The Value of Centered Leadership：McKinsey Global Survey Results［Z］. https：//www. mckinsey. com/featured－insights/leadership/the－value－of－centered－leadership－mckinsey－global－survey－results，2010，10.

［8］Sorensen, T. J., McKim, A. J.. Perceived Work – Life Balance Ability, Job Satisfaction, and Professional Commitment among Agriculture Teachers ［J］. Journal of Agricultural Education, 2014, 55 (4): 116 – 132.

［9］Wahab, J. A., Fuad, C. F. M., Ismail, H., Majid, S.. Headmasters' Transformational Leadership and Their Relationship with Teachers' Job Satisfaction and Teachers' Commitments ［J］. International Education Studies, 2014, 7 (13): 40 – 48.

［10］Wells, C. M.. Conceptualizing Mindful Leadership in Schools: How the Practice of Mindfulness Informs the Practice of Leading ［J］. Education Leadership Review of Doctoral Research, 2015, 2 (1): 1 – 23.

［11］Arifin, H. M.. The Influence of Competence, Motivation, and Organisational Culture to High School Teacher Job Satisfaction and Performance ［J］. International Education Studies, 2015, 8 (1), 38 – 45.

［12］Tumiran. The Impact of Transformational Leadership, Organizational Culture, Organizational Climate and Job Satisfaction of Teacher on Performance of Teacher at Public Primary School of Medan, North Sumatera ［J］. Journal of Humanities and Social Science, 2015, 20 (6): 1 – 7.

［13］Raman, A., Mey, C. H., Don, Y., Daud, Y., Khalid, R.. Relationship between Principals' Transformational Leadership Style and Secondary School Teachers' Commitment ［J］. Asian Social Science, 2015, 11 (15): 221 – 228.

［14］Suharyati, H., Abdullah, T., Rubini, B.. Relationship between Organizational Culture, Transformational Leadership, Working Motivation to Teacher's Innovativeness ［J］. International Journal of Managerial Studies and Research, 2016, 4 (3): 29 – 34.

［15］Sarıkaya, N., Erdoğan, Ç.. Relationship between the Instructional Leadership Behaviors of High School Principals and Teachers' Organizational Commitment ［J］. Journal of Education and Practice, 2016, 7 (3): 72 – 76.

［16］Basu, S.. Professional Commitment and Job Satisfaction among Secondary School Teachers ［J］. Educational Quest: An Int. J. of Education and Applied Social Sciences, 2016, 7 (3): 255 – 259.

［17］Toytok, E. H. & Kapusuzoglu, S.. Influence of School Managers' Ethical Leadership Behaviors on Organizational Culture: Teachers' Perceptions ［J］. Eurasian Journal of Educational Research, 2016, 66, 373 – 388.

［18］Gill, S. P. K., Kaur, H.. A Study of Professional Commitment among Senior Secondary School Teachers ［J］. International Journal of Advanced Education and Research, 2017, 2 (4): 253 – 257.

［19］ Altun, M.. The Effects of Teacher Commitment on Student Achievement ［J］. International Journal of Social Sciences & Educational Studies, 2017, 3 (3)：51 – 54.

［20］ Bartz, D. E.. Applying Positive Psychology to School Administrators ［J］. International Journal of Education and Social Science, 2017, 4 (8)：1 – 11.

［21］ Kean, T. H., Kannan, S., Piaw, C. Y.. The Effect of School Bureaucracy on the Relationship between Principals' Leadership Practices and Teacher Commitment in Malaysia Secondary Schools ［J］. Malaysian Online Journal of Educational Sciences, 2017, 5 (1)：37 – 55.

［22］ Veeriah, J., Piaw, C. Y., Li, S. Y., Hoque, K. E.. Teachers' Perception on the Relationships between Transformational Leadership and School Culture in Primary Cluster Schools ［J］. Malaysian Online Journal Of Educational Management, 2017, 5 (4)：18 – 34.

［23］ Marak, A. B.. Professional Commitment and Job Satisfaction of Elementary School Teachers of East Garo Hills District of Meghalaya ［J］. International Journal of Informative & Futuristic Research, 2017, 5 (4), 8978 – 8985.

［24］ Lee, H. M., Chou, M. J., Chin, C. H., Wu, H. T.. Professional Commitment of Preschool Teachers：The Moderating Role of Working Years ［J］. Universal Journal of Educational Research, 2017, 5 (5)：891 – 900.

［25］ Suharningsih, Murtedjo. Role of Organizational Culture on the Performance Primary School Teachers ［J］. Journal of Education and Learning, 2017, 6 (1)：95 – 101.

［26］ Sharma, S.. Comparison of Professional Commitment of Teacher Educator of Panjab University Affiliated College on the basis of Caste Category ［J］. Online International Interdisciplinary Research Journal, 2017, 7 (1)：103 – 107.

［27］ Kaur, P., Ranu, S. K.. Classroom Management in Relation to Professional Commitment of Secondary School Teachers ［J］. Educational Quest：An Int. J. of Education and Applied Social Science, 2017, 8 (1)：193 – 199.

［28］ Ahmed, K., Trager, B., Rodwell, M., Foinding, L., Lopez, C.. A Review of Mindfulness Research Related to Alleviating Math and Science Anxiety ［J］. Journal for Leadership and Instruction, 2017：26 – 30.

［29］ Wicaksono, B., Surati, Suyatni, M.. The Influence of Organizational Culture and Leadership Behavior of Teacher Discipline at High School, North of Lombok ［J］. The International Journal of Business & Management, 2018, 6 (2)：109 – 113.

后 记

本书是在我的博士学位论文基础上修改而成。

非常感谢导师林新发教授在学业和论文写作方面的释疑、解惑与鼓励；怀念与导师每一次讨论后的豁然，也感动于恩师一次次费尽心力纠正我写作上的痼习。感恩导师拨冗为本书撰写序言。

同时，还要感谢刘春荣教授、丁一顾教授、郑崇趁教授、洪福财教授，感谢诸位老师提出的宝贵建议，启迪我不断思考。感谢所有博士学习阶段授业的各位教授：孙志麟教授、林文律教授、曾锦达教授、庄淇铭教授、温明丽教授、林曜圣教授、朱子君教授、周志宏教授、黄瑞琪教授、周灿德教授，是每一位老师精彩的课堂教学与讲解让我收获了最宝贵的知识财富。

特别感谢杨志强教授允许我随堂学习；感谢谢传崇教授，曾文鉴教授拨冗启迪。

感怀博士学习期间 13 位同窗好友家人般的温暖及学业上的互助共勉。感谢在本研究过程中协助发放问卷和填答问卷的各位朋友们和幼儿园老师们。

感谢来自家人的理解与期盼。

感谢在论文和本书写作过程中给予我启迪的每一位参考文献的作者，是你们的智慧与巧思给予本书支撑，如文后参考文献有所疏漏，未能一一列出，敬请谅解。

感谢鞍山师范学院申硕基金支助项目对本书出版的支持。

最后，感恩我生命中所有的温暖与遇见！

赵 杰

2023 年 11 月